U0400126

"十二五"国家重点图书

出版规划项目

杜维明著作系列

龙鹰之旅

从哈佛回归东海的认同和感悟（1966—1970）

杜维明 著

图书在版编目(CIP)数据

龙鹰之旅:从哈佛回归东海的认同和感悟(1966—1970)/杜维明著. —北京:北京大学出版社,2013.5
(杜维明著作系列)
ISBN 978-7-301-22007-8

I.①龙… Ⅱ.①杜… Ⅲ.①新儒学-研究-中国-现代 Ⅳ.①B260.5

中国版本图书馆 CIP 数据核字(2013)第 016521 号

书　　名:龙鹰之旅——从哈佛回归东海的认同和感悟(1966—1970)
著作责任者:杜维明　著
责 任 编 辑:田　炜
标 准 书 号:ISBN 978-7-301-22007-8/B·1103
出 版 发 行:北京大学出版社
地　　　址:北京市海淀区成府路 205 号　100871
网　　　址:http://www.pup.cn　新浪官方微博:@北京大学出版社
电 子 信 箱:pkuwsz@yahoo.com.cn
电　　　话:邮购部 62752015　发行部 62750672　出版部 62754962
　　　　　编辑部 62750577
印 　刷 　者:北京汇林印务有限公司
经 　销 　者:新华书店
　　　　　880mm×1230mm　A5　7.875 印张　插页 2　150 千字
　　　　　2013 年 5 月第 1 版　2013 年 5 月第 1 次印刷
定　　　价:30.00 元

未经许可,不得以任何方式复制或抄袭本书之部分或全部内容。
版权所有,侵权必究
举报电话:010-62752024　电子信箱:fd@pup.pku.edu.cn

1954年,杜维明14岁,随童子军在阿里山露营。

1957年,高中毕业照。(前排右一为杜维明)

1963年,哈佛大学东亚研究硕士学位毕业时。

献给我的启蒙恩师周文杰

目 录

再版序 ································· (1)
序 ····································· (1)

知识分子与时代信息 ····················· (1)
现代中国知识分子所面临的抉择 ··········· (8)
在学术文化上建立自我 ··················· (16)
争取国际学坛的发言权 ··················· (21)
从建立自我到国际学坛
　　——一些杂感似的答复 ··············· (27)
消弭学术界的趋时风气
　　——介绍熊十力先生的《戒诸生》 ····· (40)
从博士到教授
　　——漫谈美国的学术界 ··············· (44)
美国学术"市场"概况 ····················· (49)

龙鹰之旅：从哈佛回归东海的认同和感悟（1966—1970）

以学术为市场的弊病 …………………………………（62）

维也纳之行

　　——记第十四届国际哲学大会 …………………（73）

漫谈儒家的品题人物 …………………………………（86）

从中国思想研究看台湾

　　——向台湾大专教育进一言 ………………………（92）

有关儒学研究的几重障碍 ……………………………（100）

儒家的新考验 …………………………………………（110）

全盘西化的最后一课

　　——评居浩然的《义和团思想与文化沙文主义》……（123）

有关文化认同的体验 …………………………………（134）

历史、文化上有分量的牺牲者 ………………………（147）

文化两极与两栖文化

　　——海外中国知识分子的适应与认同诸问题初探 …（155）

华裔青年跃动中的知识分子 …………………………（170）

三年的畜艾

　　——为纪念殷海光（1919—1969）一个民族情感强烈

　　　乡土气息浓郁的自由魂 …………………………（184）

附录

留美学生不可狂妄自大,不可乱写中文文章
  ——以《在学术文化上建立自我》
    一文为戒 ………………………… 陈张素珍(207)

Intellectual Integrity 与卖"野人头" ………… 陈张素珍(214)

知识分子的流失和人才外流 ………………… 域外人(221)

殊胜因缘
  ——记殷海光师和杜维明教授之间的
    一段缘分 ………………………… 陈平景(227)

三十年的奋艾
  ——《杜维明文集》出版感言 ………… 景海峰(231)

再版序

1968年是20世纪知识界的关键年。巴黎街头的五月风暴虽然基本和平,但法国的政治文化却因此而有了本质的变化。自从法国大革命以来,知识人(包括大学教授、政府官员、职业人士、自由作家和大学生)从未有如此投入国事和天下事的。不止法兰西,德国和意大利亦复如此。美国则从1964年伯克利言论自由运动开始,大学生抗议政府反民主行为的集会更是屡见不鲜了。欧美思想界的大气候对我在60年代的发议有关键性的推动作用。

1962年我从只有六百名本科生的东海大学到美国动则万人以上的高等学府求学时。我最感到惊讶的是美国大学生对国事和天下事,事事都不关心的校园生活。除了埋头读书外,引起"群众"兴趣的多半是球赛,否则就是各种青年人的娱乐和胡闹。不过,越南战争和民权运动很快就改变了一切。1966年我从康桥绕道欧洲飞返台湾时,四年的哈佛经验就不只局限在象牙塔中了。

龙鹰之旅：从哈佛回归东海的认同和感悟（1966—1970）

根据社会调研，60年代全球大学生政治觉醒的一个重要的背景因素是第二次世界大战之后的人口膨胀，也就是说在人类文明史中首次出现了"青年"的群体，他们不只是从少年到壮年的过渡，而是具有独特风格和长远意义的年龄带。不过在文化心理的视域中，这一现象和当时影响人类的历史事件，如"文化大革命"、越南战争、民权运动、妇女解放运动有必然的关系。

回想我1962年到哈佛留学，整整四年（包括寒暑假）都在美国的剑桥学习，没有浪费过一天一夜为谋生活或娱乐而不学习的。一千四百六十天，在人生旅途中不算长，但这是我从台湾东海大学的中文系义理专业到哈佛大学历史及东亚语文博士候选的转型，触动了我身心灵神中每一个部位，调动了我每一个细胞的能量。如果用一句话来概括：这一转型使我超越了民族文化认同的儒家论说而进入了在轴心文明的视域中反思儒家人文精神的场所。值得强调的是，宽广的时空视野，并没有迫使我离开自己生长的精神家园；正好相反，我扎根中华文化的意愿加深了，自觉提高了。我对"具有全球意义的地方知识"不仅心知其意而且深有体会了。

1966年通过博士口试后，我获得了研究院"哈佛旅游学者"（Harvard Traveling Fellow）的奖学金。我虽然是由哈佛燕京学社全额奖金资助留学美国的，但我攻读博士四年的大半费用却来自条件更优厚的研究院。1966年夏天我选择了绕道欧洲回归台湾并访问香港、汉城和京都的路线。我仔细参观了伦敦、莱顿、斯德哥尔摩、巴黎及柏林的汉学中心,不断地想象"儒家的话语"如何在当前两希(希腊和希伯来)文明中获得新生命,提供新思路。回到母校(台湾东海大学)我在通才教育的计划中开设了"文化认同与社会变迁"一门专门探索中国思想现代化进程中儒学复兴的课,选修的13位同学中至少三位选择了以学术为志业的道路。我还指导了高承恕以"比较马克思和韦伯历史分析"为主题的学士论文。

回到台湾的那几个月,秋季在台北,春季在台中。在台北期间我在台湾大学作了两场报告,参加了为《知识分子》撰写专论的工作,和殷海光定了忘年交,结识了陈鼓应和李敖,担任哈耶克的翻译,和这位20世纪新古典自由主义经济学大师朝夕与共十来天。我还到汉城拜访了高丽大学的李相殷,到香港在业师牟宗三家问学一个多月,然后把他刚完成的《心体与性体》三册书稿亲自带到台北交给正中书局,也和唐君毅一同游览京都、天理和奈良。1967—1971年我任教普林斯顿。那时正值台湾旅美学人因受美国大学生的反战运动、黑人民权抗争和华裔族群意识高涨的激励,抗议精神在校园勃然兴起。钓鱼台运动在普林斯顿开始是偶然也是机缘。当时,五位从台湾和香港到普大攻读物理学博士的青年,要求我为他们组织"习明纳"(seminar)讨论鸦片战争以来中华民族的命运。关注的重心是当时国际风云变幻剧烈的氛围里中国知识分子如何自处的文化认同问题。其中一位是胡朴凯。如果不是他父亲胡秋原那时访问美国提醒大家正视当下关系民族尊严的重大问题："因为国民政府软弱,钓鱼台主权被日本侵占",从台湾到美国大半专修理工科对文化历史所知甚少的留学生听说钓鱼台的可能性不大。如果不是因为我安排让普林斯顿习明纳的同学和哥伦比亚大学及纽约地区关注国事的"公共知识人"像学术界的唐德刚和媒体界的郑心元联系组织了一个非正式的学习型组织,交流信息、观点和思想,胡秋原提供的消息即使激起强烈的义愤,也不可能导致任何有政治意义的集体行为。经由普大同学发起,通过纽约的联网,在短短的几个星期就在大纽约地区动员了上千名同学、侨胞和国际友人在联合国大楼前举行抗议。如果抗议行为没有获得任何反应和认可,最多也就像无数在纽约街头乌合之众的游行示威一般,过去就过去了。我想 CBS Walter Cronkite 的重点报道完全出乎意料之外,确是一大助缘,不过使得钓鱼台事件成为钓鱼岛运动的基本原因是台湾留学生和华裔青年的政治自觉。当威斯康辛大学,特别是加州伯克利大学的文科同学积极投入时,我有预感这将成为有"历史意义"(historical significance)的"爱国运动"了。

我认同儒学甚早,没有考进大学就很清楚自己要走的路。但我能坚持人文的学术方向固然是发自内心深处的愿力和师友的提携，可是"政治觉悟"至为关键。1954年我因全省童军会考名列前茅获得代表"中华民国"到马尼拉参加世界童军大会的殊荣。华侨的热爱加强了我以为"我们"是象征中国文化未来的傲慢。台湾的民族精神教育使我不自觉地就暴露出"我们"（宝岛的炎黄子孙）才真是儒家传人的气焰。可是当我发现两位来自香港的女童军能背诵好几篇《古文观止》收入的精品，对大陆有同情的了解，而且待人接物都比我文明礼貌，我开始怀疑我的霸道也许只是"气魄承担"，并没有什么文化价值的内涵。后来我仔细观察国民党强势道德说教背后的意识形态，发现我所理解的儒家身心性命之学和教室里宣传的孔孟之道大异其趣。国民党为了维护岌岌可危的政权而设计的"民族精神教育"，掺杂了意识形态的欺骗性，效果当然极差。不过，我的确是这一设计的受益者。我的启蒙恩师周文杰就是常受同学屈辱的讲授"民族精神教育"的老师。如果不是他在班上挑选了五位同学和他定期地经常地没有利益目的地"体知"四书，我肯定不会走进儒家的堂奥。

在东海大学我摸索出一条读古人书想见其人可以加强现代精神、和美国友人对话可以加深中国情怀的为学和做人的道路。哈佛经验帮助我彻底消解了古今中西的二分法，稳步走向多元并进和综合创新的思路。理念清晰，逻辑谨严是我决心紧紧把握的基

龙鹰之旅:从哈佛回归东海的认同和感悟(1966—1970)

本功,但我坚信必须超越线形思维和因果推理,勇敢地认知因内容丰富而不免模糊的文化现象才能在人文学领域(文学、历史、哲学、文化人类学、深度心理学、政治文化学、宗教学、经济发展学、知识社会学等)中有所建树。读萨特的存在主义使我振奋,但我更投入别嘉耶夫和齐克果的神学。康德和黑格尔的理想主义对我有很大的吸引力,但尼采的"解构主义"(特别是"上帝死亡"之类的极端论说)和晚期海德格尔的哲学反思对我更有启发。我在大三翻译了艾略特(T. S. Eliot)的《传统与个人才器》,详读了托尔斯泰的英译《战争与和平》,也积极参加了"查经班"。我从陀思陀耶夫斯基的小说中体悟了神圣的庄严,从希腊神话(《奥德赛》和《伊利亚特》)中看见了多元多样的灵性和肉欲的交战,从19世纪的英诗中感受到语音之美,从《法华经》中洞悉了大千世界不过如此。印象最深的学习或灵修经验也需要算一位雷神父单独为我定期讲解天主教基本教义长达两个学期。他是耶稣会教士,深受"解放神学"的启发,对"儒耶对话"有浓厚的兴趣,他那以"仁心说"的长者之风对我解经没有任何传教的意味,我则以"学心听"的态度同情地去理解他的教诲。这也许是我决定在毕业戒指上镌刻"FB"表示愿意细读四书和《圣经》(Four Books and the *Bible*)的背景理由。

1966年回到台北不久,经韦政通的介绍认识了殷海光。他体现了徐复观所谓"自由主义儒家"的风骨。和他订交我感到由衷的喜悦。他是一位真能爱也真能恨的知识分子,没有一点乡愿气。哈佛燕京社曾请他在康桥访问一年。据说他深居简出和哈佛教授接触不多。他心仪哈耶克,很想和第二次访问台湾的古典经济大师再度见面。当时我是哈耶克的翻译,几乎朝夕与共。可惜我无法安排他们晤谈的机会。哈耶克夫妇以能亲晤蒋介石为平生大幸,我很不以为然。我的批判精神,特别是政治自觉的批判意识是逐渐形成的。小时候我很喜欢一个人玩的游戏是"蒋委员长"。把自己珍贵的玩具按照不同的规则加以排列组合;有时一线展开,有时多线并列,有时形成各种图案。想象自己是大将军、总司令、元帅,乃至设计师、创造者。蒋中正是"民族救星",是"完人。"在初中我还从立德立功立言三方面来论证蒋先生的伟大。读了《大学》和《中庸》,对理想人格有些许了解,政客军人对我的吸引力便荡然无存。从哈佛归来,对中国当代史略有所窥而且已亲炙不少学者、思想家、神学家和哲学家,蒋公的形象在我心中已黯淡无光。因此我拒绝陪同哈耶克夫妇拜见蒋总统,只在会客室等候。一个多小时由钱复带领他们出来,我对他们的欣喜感到很不自在。

目前在中国学术界的一般印象是,哈耶克是自由主义大师。但我所了解的也相当认同的美国主流的自由主义传统则多半把以市场经济为研究核心的"芝加哥学派"当作保守主义。以哈佛的

龙鹰之旅:从哈佛回归东海的认同和感悟(1966—1970)

加尔布雷思(John Kenneth Galbraith)为代表的自由主义强调政府的作用和责任。比如,他们指出,没有联邦政府的积极参与马丁·路德·金的民权运动在南方必然夭折;没有联储局的介入,金融风暴绝不会自然平息。哈耶克和艾赛亚·伯林(Isaiah Berlin)不同,有强烈的反民主的贵族心态和情绪。当然也有所谓"精神贵族"的因素在内。作为奥匈帝国的臣民,他有敬重权威的心结,也对传统有深刻的体会。他的学术谱系中有阿克顿勋爵(Lord Acton)也有埃德蒙·伯克(Edmund Burke)。他是位敌友分明的反共斗士。殷海光对他的《到奴隶之路》推崇备至。他引卡尔·波普(Karl Popper)为知己,却严肃地对我说罗素的头脑既简单又糊涂。

我的第一本散文集原名是《三年的畜艾》。这本来是其中一篇为纪念殷海光而草就的八段即兴随笔。另外,我决定把陈张素珍有感而发的两篇狠批我的文章收入,因为它们反映了不少读者对我悉心营造的观点的"误读"。同时,我也决定收入了梅广的回应。我要感谢景海峰同意把他的短评收进附录,也要感谢好友陈平景愿意分享他所亲睹的殷海光和我的情谊。

序

我是1962年来美国的,8月中旬从台湾中央山脉的游击训练调返嘉义退伍,9月下旬就在大西洋岸边的康桥过起研究院学生的生涯。天气、土地、风俗人情的转变都太突然了。置身于英文的环境,又加上勤修日文和补习法文的压力,常会感到一种无名的文化疏离。只有在深夜或清晨用方块汉字来传达心声的时候,才觉得真正地亲近了自己的根源。记得在大学时代,为了锻炼英文,逐渐地养成了运用英语思考的能力;出国以后,我又自然地恢复了运用国语思考的习惯——一种内心的"对话"。有时还"挤出"一些时间写散文,间或也向台湾的报章杂志投稿。

1966年回台湾一趟以后,想用中文撰稿的要求更强烈了;加上心里本来藏着许多积郁经年的问题,又再受到各种新思想的敲打,有时竟耐不住阵阵怒潮的撞击。在万分忙碌中痛下决心,通宵达旦地写,多半停笔后即撕去;间或也有稿成,朗诵几遍,投递发表的。如果没有那些极不正常的"自我迫压",现在我也许不会轻易动笔。不过,我真应该沉住气,等到十年二十年后再发表成熟的学术论文,在现阶段就把一些切身的感受传达出来,真是大逆不道吗?

如果不是林衡哲先生一再的督促和帮忙,我绝不会有把后面这几篇文字搜集发表的意念。因为文字是思想的表征,而这几篇文字所表征的思想还是太贫瘠、太散乱了。当然,路是人走出来的,怕摔跤的人永远不能履行"任重道远"的古训。

不过我应当指出,真正促使我出版这个集子的动力,却是我自己内心深处对一位时代见证者的怀念。我和这位业已作古的先生虽然只有淡如水的六面交谊,但是我们之间确有一种隽永的默契。他是一位热情洋溢的诗人(海德格尔说,诗人是呈现真实的灵魂),相较之下我反而变成了冷血的理智动物。他对我的关切在文字和行动上都表露无余,我反而显得太"淡如水"了。我总觉得我应该和他再谈几次,可惜现在已经太晚了!不,仅从和他一个人谈话的立场而言也许确是太晚了,但是从知识分子全体之间相互的对话而言,现在正是晨光熹微中处处闻啼鸟的时辰呢!

知识分子与时代信息

每一个时代都有一项特殊的"信息"要传递给全体人类,知识分子的任务之一,就是如何把这项"信息"不折不扣地表达出来,记载下来,使它长久地保存在人类历史的传承之中。因而,知识分子既是时代的发言人,又是时代的记录者。如果以上的构想还代表相当程度的意义,那么我们必须假定在某一个时代确实有某种看法、想法可以代表这一个时代的人,至少是多半以上的人。顺着这条理路,我们可以推想某个特定的地域环境、职业集团、宗教、种族都有相当程度的"共性",否则,任何集合名词都没有真实的意义。世界上除了自然景物外,剩下的只是孤零零的个人了。

不论是一个时代、一个地域或集团,"共性"多半是抽象的,并且自觉或不自觉地存在每个分子的意识之中。换句话说,同一住宅区,同一学校,同一都市,同一职业,同一教会、种族、国家乃至国际集团的人,都共享着某种特殊的意识形态。这种特殊的意识形态,或者通过自觉的了解,或者只是不自觉的接受,在每一分子的生命中都具有深厚的影响力。举例而言,在台湾每一位经过小学、初中、高中的阶段,同时又在大学联考中取得胜利的同学,不知不觉地会以为自己在求学的过程中没有受到什么挫折,好像是一帆风顺的幸运者,又好像自己可以把握自己求学的志向和命运。其实,真正在背后推动的力量,是所谓"升学主义"等社会风气所形成的观念,而我们大家都是这种风气下的副产品。所以,在表面上我们好像各具所长,各有千秋,但是如果和其他教育制度中所培养出来的学生一比较,许多特别的属性就都彰显出来了。一群经过良好训练的社会调查专家,甚至可以具体地指出,在台湾教育制度中所培养出来的学生,一般而言,有什么优点和缺点。不过站在学生自己的立场来看,自觉地了解与不自觉地接受将导致两种完全不同的结果:能够自觉的同学,常常可跳出环境的限制,利用环境的特长;不自觉的同学不但无法利用环境的特长,而且会因为受到环境的局限而无法发展自己的个性,甚至变成了环境的牺牲者。可惜不自觉的同学常常要占多数。

一个时代亦复如此。大多数的人对其自己所处时代中的"信息"或说"意义",根本没有自觉的了解。譬如说:"中国传统社会的农民,在意识形态方面,两千多年来都没有什么显著的改变。"这个命题,大体上是可以承认的。然而,农民事实上代表着中国

80%以上的人口。如果80%以上的人口对所谓时代的"信息"或"意义"都没有自觉的了解,那么我们上面所说"在某一个时代确实有某种看法、想法可以代表这一个时代的人,至少是多半以上的人",乃至所谓"共性"的问题,不是都落空了吗?其实不然。

当我们提出每一个集团都同享着某种特殊的意识形态的时候,我们并没有特别地指出这种意识形态所产生的原因,我们也没有承认这种意识形态的产生必须由同一集团的大多数人所同意。我们虽承认环境对于意识形态具有相当程度的决定力,也相信对于社会上大多数不自觉的分子,环境决定意识形态的力量几乎达到绝对的程度,但不愿意接受环境和意识形态间的单线关系。我们认为,环境和意识形态事实上保持着一种交互的关系。这种关系是多元的,而且是错综复杂的。

如果环境与意识保持着微妙的交互关系,而且某个特定环境中的大多数分子,对于他们所共享的意识形态都只停留在不自觉的状态之中,我们不能只从环境本身的物质条件来解释意识形态产生的原因,必须也从环境中少数自觉的个人对其环境的了解和体悟来观察。从这个立场来看,时代的"信息"和"意义"并不是内含的,而是外加的。换一句话说,时代的本身并没有要转达的"信息",也没有什么特殊的"意义"。(黑格尔的绝对精神,只有在象征的层次上才显得精彩,如果讲死了、讲僵了,很容易造成"观念的灾害"。)时代的"信息"和"意义",事实上是由少数自觉的个人,根据自己对其时代的了解和体悟所赋予的。因为每位自觉的个人对其时代的了解和体悟有程度上的深浅,他们所宣称的"信息"和"意义"也自然有程度上的深浅。

这样说来,是否因为每一位自觉的个人都被自己的主观条件所限制,他们对时代的了解不但有程度上的深浅,而且人各异辞了。在某个层次上,这当然是必须正视的大问题。不过,我们也可以用批判客观环境决定意识形态的方法转过来批判主观主义决定意识形态的命题。事实上,凡是能够自觉的人,必能对其所处的环境和时代作一番理智的反省工夫。因为一个人要能发现自己,必须经过一番自我定位的本领,否则,他所发现的自己既不属于一个时代,又不属于一个环境,同时也未必能超越环境或时代,不过是反环境、反时代的"失落者";并且从较深一层来看,没有任何人会真正的"失落"了,因为现实中的失落者,乃是一群人为抗议某种特殊的政治形态、经济制度或社会风气而一起失落的,他们不但没有离开时代和环境,并且竭力地争取时代的发言权,提出改变环境的呼声。所以,真正的自觉乃是关联着时代和环境的自觉。程度固然有深浅,有主观的限制,但并不是没有客观的价值。

因此,知识分子在传递时代的"信息"中扮演着重要的角色。我们甚至可以说,只有负起传递时代的"信息"者才配称知识分子。但是，前面我们又曾提到时代的本身并没有什么"信息"，时代的"信息"乃是少数自觉的个人——即知识分子所赋予的。表面上看起来，确有不够明确的地方，虽然每一个命题的本身如果孤立起来观察，又似乎都有些道理。那么我们到底应该为了理清思想以便于一目了然而把许多表面上互相抵触的观念统合为一呢，还是为了顾及问题的复杂性暂时不打破砂锅问到底地去寻找简单合理的解释呢？我们的选择是后者，而且我们相信，只有在愿意忍受矛盾的困惑下才会解决真正的矛盾。凡想把复杂的问题清理得像数学公式一样清楚明白的，很少能把握住问题的核心。

根据上面的讨论，知识分子与时代的信息保持着一种多元性的复杂关系。知识分子一方面担负着了解和传递时代信息的责任，另一方面又实在是时代信息的创造者。但是，正因为知识分子是时代中少数能够自反、自觉的人物，他们必须把主观的能量向外扩展，把同时代其他人的感受和遭遇都予以同情的了解以达到"廓然大公"的境界，否则他们的自反、自觉并不能引起共鸣，也没有广泛的客观意义。因此，知识分子虽是时代信息的创造者，他们并不能无中生有或者闭门造车，他们必须经过奋斗和考验才有资格成为同时代其他分子的发言人。在这里，洞见、学养、气度和胸襟都是重要的条件。

从较深一层的意义来看，知识分子在了解、创造并传递时代信息的任务中,不但要对同时代的人负责任,而且要对历史潮流中的知识分子负责任。在某个层次上说,对历史负责和对时代负责一样的重要。我们如果作进一步的分析,每一个时代的信息虽有其独一无二性,但却不是突然出现的空中楼阁,而是关联着整个历史文化的传承对新环境和新发展所作的了解、探讨和选择。因为这个缘故,我们甚至可以说,同一时代不只代表时空的观念,并且可以有超时空的意义。譬如孟子是战国时代的发言人之一,他对杨朱墨翟的批判一方面是时代所赋予的使命,另一方面却是出自对历史文化的责任感。从象征的意义来说,孟子和孔子才是同一时代的人物,因为他们都超越了自己时代的限制,自觉和反省地了解了、创造了并且传递了自己时代的信息。

因此,在讨论知识分子与时代信息的关系时,有两个大问题都必须予以同等的注意:第一个是"认同"的问题,也就是知识分子所以能够了解时代精神,创造时代信息,甚至超越时代限制的根据。在历史悠久的文明国家中,"认同"多半来自自己的文化传承,而且只有在自己的文化传承中"认同",才能根深蒂固。第二个是"适应"的问题,也就是知识分子必须接受时代考验,探求时代趋向,甚至忍受时代束缚的理由。从"认同"处我们正视传统文化,从"适应"处我们正视现代思潮。这两方面不但息息相关,而且错综复杂地纠缠在一起。我们可以在思辨上勉强地把它们分割开来,但我们不能一刻忘记它们在实质上是根本不能独立存在的!

1966 年 10 月于台北

现代中国知识分子所面临的抉择

一

五四的时代已经过去了,今天中国的知识分子既不能海阔天空地在北大或清华讲学,又不能在政坛的边缘作客卿,在社会的顶尖作名士,甚至不能享受中等以上有闲阶级的清福。我们唯一的出路是接受国际学术界的考验,在本行中建立自己的地位,发展自己的前途,把视野从现实政治拓展到新中国的未来。因此,今天中国知识分子所面临的挑战不仅是政治的、经济的或社会的,更是学术文化的;今天中国知识分子所接触的敌人不是其他类型的毒害,而是知识分子本身的幼稚无知和浮夸肤浅。

二

四十多年前,中国第一流的学者,不论是文法或理工科,都不甘愿奉献终身从事于纯理论性的学术探讨。他们安身立命的地方是现实政治,是广大的社会群众,是直接参与建设富强康乐的新中国。他们不必深入西方文化就可以堂堂正正地负起宣扬民主、科学的重任;他们也不必研究中国思想就可以大刀阔斧地斩断一切传统的牵连。在地域上,他们可以纵横大江南北,甚至游学东洋以及欧美各国;在职业上,他们可以由名教授转换成政府大员;在学识上,他们可以一方面评论家国天下,另一方面又从事于狭隘的专题考据,而且毫不自觉地摇摆于这两种大异其趣的心态之间;甚至不着边际地玩弄博雅,沉醉在骚人墨客的格调里。他们本来没有资格在学术界挑大梁,在文化界执牛耳而鼓动新风潮,开辟新局面。但是他们有舞台,有剧本,有角色,而且有观众,居然任情地在中国这片广大的文化荒漠上驰骋起来,结果还导演出一场有声有色的闹剧,开创了一系列的"新"方向。

三

二十多年前,中国最杰出的青年学子大半都滚进战争的洪流,

龙鹰之旅：从哈佛回归东海的认同和感悟(1966—1970)

受到人类史上最入骨也最广泛的侮辱。他们变成流亡学生，变成青年军，变成政客运动下的牺牲品。他们不能忍受干枯的考证主义，于是摆脱了乾嘉学派，但是却变成了激情主义的奴隶。他们煽动学潮，批评时政，反对贪官污吏，斥责奸商国贼，慨然以"气魄承当"天下。虽然，从政客的立场看来，他们若非成事不足，败事有余的破坏者，即是为空理想、空希望而勇往直前的敢死队。他们的爱国热忱变为笑柄，变为失败的借口，变为巩固私人权力的工具。但是，他们有发言的自由，有影响国策的潜力，而且有明确的目标去奋斗，去把握。在"中华民族不会倒"的呼声中，他们找到了中国知识分子的归宿，并且为现代民族奋斗史写下了光辉灿烂的一页。

四

今天，当我们自觉地要成为现代中国知识分子的一员时，我们发现五四精神的跃动实在带着几分幼稚的浪漫情调；我们也意识到抗战期间的激情主义虽然有利于爱国热忱的高涨，但却因为经不起学术文化的考验而转成盲目的冲动。不过，我们对前两代知识分子的不满并不表示我们自己能够向前迈进一大步。相反地，我们被现实的淫威所压迫，连起码的真诚都丧失了。我们被国内外各种无情的风浪所冲击，即使曾有过几次反抗和挣扎，到而今，好像已是动弹不得、麻木不仁了。我们一方面对任何刺激都毫无反应,一方面又脆弱到不能适应任何环境——在穷困中,我们牺牲研究,牺牲读书,甚至牺牲人格去争取"饭票";在富裕中,不但我们的生活,就连最起码的学术兴趣都被腐蚀掉了。我们痛恨专制的迫压,但只要有分一杯羹的可能性,我们从不放弃尽量歌功颂德的机会;我们标榜自由民主,但只要受到一丝的挫折,我们从不肯开罪一两个人来维护最基本的人权。我们虽然分散在大陆、台湾与香港、东南亚、日本、澳洲、美洲和欧非各地,但是我们并没有自由行动的权力和财力,我们都变成了孤零零的个体,被政客所迫压或收买,受生活的煎炸或腐蚀,遭受社会人士的怒骂或奚落。我们虽然面临着不同的政体,接受不同的生活方式,属于不同的社会阶层和不同的文化背景,但是,我们都失去了知识分子最稀罕也最普通的"发言权"。

五

深一层地看,不论在海内或海外,作为现代中国的知识分子,我们仍有说话的权利。但是我们所讲的,并不发自内心的感受,而是来自外力的制约。我们变成了政治命令的传声筒,变成了社会风气的应声虫;甚至变成了非学术、非文化的情报贩子。这当然是

龙鹰之旅：从哈佛回归东海的认同和感悟（1966—1970）

中国现代史中的大悲剧。然而比这更悲惨的是当我们可以自由自在地说话而且应当倾吐肺腑之言的时候，我们居然说不出话来，甚且竟根本无话可说。我们对自己的了解实在太少，太可怜了！由于我们对自己现在所处的环境毫无了解，对于导致今天的过去也毫无了解，对将来可能的发展更是毫无了解，我们能说些什么呢？因此，我们并非真是"说不出话来"，乃是丧失了"发言"的凭藉。我们对政治问题所发的狂言，不但没有正面的意义，甚至不能符合起码的学术真诚；我们对经济问题的了解，比专家学者或参加实际工作的政府官员要逊色得多；我们只能拉拉扯扯地谈社会风气，但对于社会风气之所以形成的特殊问题完全没有分析。所以，当某种政治、经济或社会怪相突显出来的时候，我们除了发牢骚以外，实在讲不出几句动听的话来。我们既然落到了这步田地，哪里有资格讽刺五四精神，抨击抗战期间的知识分子？相反地，我们应当对同年代中了解面极狭隘而谈论面极浮泛的"文化人"提出警告，作一番自反自觉的工夫。

六

因此，我们所面临的挑战不是外在的环境，也不是过去两代知识分子所遗留下来的风气，而是我们自己的幼稚无知，我们自己的浮夸肤浅。当然,我们所以变成这副样子总有历史的因缘。但是,现在我们的关切不应在自我惋惜,而应在如何设法就凭这块材料来担负现代中国知识分子的重任。首先,我们必须要有隔离的智慧和耐得住寂寞的勇气,我们应当从实际政权争斗中退出来,回到书斋去,回到图书馆和实验室里去。只有能在国际学术的领域里堂堂正正地昂首阔步以后,我们才有资格不向政治低头,并且进一步去教育政治,领导政治。不过,我们的退避并非要想在象牙塔里苟全性命。因此,我们又必须保有对当代中国政治、经济和社会诸大问题的责任感。但是,我们不对某人、某派、某党或某地负责任,我们的责任对象是广义的中国人民和中国文化。只有在这个层次上,我们才能真正超越个人的恩怨、党派的倾轧与地域的分歧;我们的生死荣辱才能真正地与中华民族的生死荣辱息息相关,我们的一言一行才能真正地代表着中国。

七

近二十年来,西方——尤其是美国的学者,为了要应付中国大陆的突变,把研究中国的范围从只重考据的"汉学"扩展到学术的全面。于是,不论人格、社会、文化任何一个层次的问题,都成为他们所钻研的对象。他们不但写专书来讨论林则徐、曾国藩、李鸿章、严复、梁启超乃至袁世凯、张謇、盛宣怀等人,并且毫无忌惮地大谈儒家的命运甚至中国的命运。我们在海内外的学人对这股浪潮多少有所悉,但不是视若无睹就一味否定,好像每年国际学坛上成千成万的书籍、论文和会议都不存在一般。作为现代中国的知识分子,我们不能采取鸵鸟的精神,更不能以无知为后盾而只表现子路之勇。我们应当把愤怒和怀疑化为冷静而深入的分析精神,我们应当去学习和了解。我们虽有立场,但不必以立场为评判的标准,而应以程度的深浅为取舍的原则。有些外国学者对我们或有微词,我们不应立即群起而攻之,应当先分析这些学者所以如此推论的来龙去脉。说得有道理,我们虚心接受;没有道理,我们再逐渐疏导。有些外国学者对我们或有赞美,我们也不可立即引以为知己;我们必须对他们的称许作一番研究,倘毫无学术根据,我们便应当推拒,否则也应自我警惕。只有如此,我们才可能有自知之明,才可能有建立自信和自尊的希望。

八

自从第一次世界大战以来,欧美第一流的学者,都有对本国的文化传承加以批判和分析的雅量。他们已经能够不站在犹太及基督教的立场来研讨佛教、回教、印度教和儒家,也能够不从希腊、罗马的传统来批判东方的哲学、政治以及生活方式的全面。这股潮流的意义,与其说是这批学者想要摆脱西方文化的约束而另辟途径,不如说是他们自觉地想要把西方文化扩展为世界文化而作的努力。因为他们对自己文化的批判乃是为了成全西方文化,使其一方面更富有弹性和包容性,一方面更具有统一性和凝聚性。现代中国的知识分子应当了解这批学者的苦心,并且进一步参与其中,使得以一种文化传承取代或融化一切其他文化的运动,变成真正以各种文化形态互相交辉和滋润为前提的世界文化运动。为了达到这种崇高的理想,我们必须潜下心来了解自己的文化传承,因为只有深入自己文化传承的知识分子,才能真正欣赏其他各种文化价值。同时,也只有能够真正欣赏其他各种文化价值的知识分子,才能深入自己的文化传承。凡此种种都指向一个原则:现代中国的知识分子必须是一群具有文化意识和社会良心的学者,他们的特色在好学深思。因而,他们可以容忍不同的立场、不同的方向,甚至由不自觉而造成的错误。但是,他们绝不允许无知的幼稚病和肤浅的浮夸病,因为幼稚无知和浮夸肤浅是否定他们成为知识分子的致命伤。只有好学深思,才是使他们成为知识分子的真血脉!

1967 年 4 月于九龙

(原载《大学生活》19 期)

在学术文化上建立自我

固然,知识分子不同于专家学者。但是,知识分子能够学无专长吗?如果知识分子既没有历史意识和文化修养,又没有任何特殊的训练,他究竟凭什么资格来对重大的社会问题或基本的人生问题发表意见?知识分子自然不应把自己锁在象牙塔里和外在的环境脱离关系,但是,知识分子如果完全背弃了学术界,他不但不能在"权力影响"的角逐中获取胜利,反而会丧失掉自己的灵魂。因为当知识分子放弃了批判的精神和高于现实政治的理想,他就会失去了衡断价值的独立标准。于是金钱、官位和武器逐渐凌驾"知识"之上,知识分子的发言权被剥夺了,自身的存在也毕竟就被全盘否定。从目前的情况来观察,这已不是预言而是写实了。

我们不反对在学术上有成就的知识分子敞开学术的大门,直接面对现实社会的挑战,但我们更希望年轻的知识分子能回到书房,回到教室,回到学术界,作一番潜沉内敛的真工夫。满腔热血和坦诚直率确是难能可贵的,但是,今天中国知识分子所面临的考验不仅是经济的、社会的和政治的,而且是文化思想的。所以,我们如果不能在文化思想的领域里奋斗出一条路来,我们也许天翻地覆地叫嚣一番,然后一哄而散,让别人去收拾残局。但这样做绝不会有任何长期的贡献的。

要想有长期的贡献,我们即使没有宋儒争百年不争一日的气魄,至少也应有"只问耕耘,不问收获"的抱负。自然,我们都急于发生一点"实际"的效用,为中国找出一条通向富强的捷径,但是,今天在中国知识分子之中,最缺乏的莫过于"隔离的智慧"了。没有这种智慧,我们免不了又变成另一批激情主义的牺牲者。五十年来,中国的知识分子一代一代地走出校门,去追逐实效和富强的影子。今天中国的知识分子已经僵化了,连这名称的本身都好像是时兴的舶来品,因此我们不能重蹈实用的覆辙,再来一次毫无意义的挣扎。

商业广告必须醒目,竞选演说也必须简短有力,但是知识分子的分析和评判却不能只求扣人心弦而不顾客观的理论基础。因此,培养"隔离智慧"最具体的方式,就在保持学术研讨的分析精神和自我反省的能力。前者可以帮助我们把握对方的要点,后者可以帮助我们洗脱自己的私情。只有如此,健康的学术界才能逐渐地构造起来,知识分子才有栖身之处,才能获得真正的发言权。

现在连最起码的标准都没有,超然的"问题层次"更是空中楼阁。假使有什么论战,那又免不了一团漆黑。如果再没有一批学术界的勇士,敢抱着"宁愿被他人谩骂而绝不曲解他人"的雅量,则前途仍很暗淡。

事实上,真正的学术成就都是由十年寒窗和锲而不舍的长期努力所获得的。如果我们仍以为靠自己的鸿鹄之志,不作埋头苦干的工夫,就能够跳出专家形态的限制,直接迈向思想的新境界,在学术文化上建立自我,那么我们尽可再来宣传"全盘西化",让世界各地研读中国现代史的外国学生又找到些笑料。

在国际学坛上,中国文化的发言人实在太少了。英国的汤因比,法国的萨特、马塞尔,德国的海德格尔、雅斯贝尔斯,奥地利的哈耶克,以色列最近去世的布伯,印度的拉达克利希南和日本的西谷启治,都曾飞越重洋到世界各处去传播祖国的文化思想,使得全球各地的青年学子对英国的史学精神、法国的存在主义、德国的现象学、奥地利的自由经济学派、犹太教的精义、印度文化的内涵以及日本的东方哲学皆有所了解。我们如果再来宣传在美国也早就过时的杜威哲学,试问国际学坛的第一流学者会发生什么感想?我们当然不能拿连自己都不相信的古董来搪塞外国学人,但是我们必须开始有系统地先来了解自己!

我们虽然生为中国人,但对中国自己的东西,不论古往今来,都了解得太有限了。学文学的不懂莎士比亚是耻辱,但没有摸过杜工部是可原谅的;学哲学的不能不知道康德,但可以完全忽视朱熹;学历史的没读过《罗马覆亡史》是遗憾,但没摸过《史记》却很平常。再进一步来观察,我们对现代中国的经济文化发展、社会变迁、政治情况又能了解多少?我们对自己的历史和现实环境不了解,对欧美的形形色色更是格外生疏,于是在国内时感到自己是失落的一代,在国外又觉得自己是异乡人;出国前以为出国后就会万世太平,出国后又觉得在回国前一切都是毫无意义;未能出国的以出国为终极目标,既出国的却以回国为最后归宿,于是从失落的一代到异乡人到无根的浮萍。在这种心情下,中国的知识分子再陷到"谓之懦则复类于悍也,谓之激则复类于同也,谓之虚则复类于琐,而谓之靡则复类于鄙"的风气之中,能够不相胥于溺已是万幸了,还能有什么终极的贡献!

尽管外在的条件如此的恶劣,我们仍觉得无比的乐观。我们认为,今天中国知识分子所担负的文化使命不但直接关联着将来中国学术思想发展的趋向,而且间接影响到东西文化交汇的必然发展。就一般水准而言,我们了解西方文化总比欧美人了解东方文化高明多了,如果我们再能把精神的方向转回学术,对中国文化和西方文化都再作更深入的了解,那么我们的基础必厚,立论必高,呼声也必大。为了达到这个目的,我们自然需要先生们的提携、朋友们的支持和家庭社会的鼓励,但真正的力量仍来自内心的抉择。

这条路在形式上确是孤独的奋斗,但经过一番自我建立的工夫,把生命的主宰权抓住了以后,自然会左右逢源,找到相互提携的真性情真人格。而且只有在这个基础上,中国现代知识分子才有超地域、超年龄、超职业的共同关切。海外的知识分子也许看得比较多,但缺少文化的真实感;国内的知识分子也许感触比较深,但缺乏多面性的思想挑战。我们如果常常联系,互相鼓励,中国现代的知识分子不但会成为现代中国的发言人,而且会成为东西文化交流的见证者。因此,我们提出:

> 现代的中国知识分子是一个在永恒的奋斗过程中了解自己,战胜自己,成全自己并实现自己的孤独灵魂。经过了这一"梦觉关",社会良心、道德勇气和济世救民的大志才有切身的意义。如果我们自己站不起来,不认为读书求学有什么特殊的价值,甚至不相信在学术文化的旅途上能找到任何庄严的意义,那么我们何不退出知识分子的立场去扮演宣传家、煽动家的角色,或者去做一群自我标榜的骚人墨客!

(载《大学杂志》3期,1968年3月)

争取国际学坛的发言权

一

去年8月在美国召开的"东方学会",给我们带来了一次反省的良机。学会本来是学术探讨的集会,即使有些政治波澜,主要精神仍在学术的本身,因而所谓"反越战"的宣言,公开讨论如何研究中国历史的临时集会,访问现代中国史专家的节目,以及密歇根州州长的演说,都只是少数学人的"社交"活动而已,既没有真正的记录,又没有长期的影响。当时一番热闹,会后飞短流长,谈不到有什么客观的价值。将来评断学会成果的标准,当然还是要从发表的学术论文及与会学者的素质两方面来观察。这本是国际学会的惯例,和政治谈判在本质上完全不同。

但是,国际学会确是反映学术趋向的最佳场合。第一流的学者们相聚一堂，不仅学术的论点要接受考验，学者的风采也在无形中受到品题，各国各地学术研究的大概趋向自然更引起评论。在这种情况下，爱国的热忱必须有客观的理论作基础，否则，满腔热血并不能换来一滴同情之泪。激情主义在大众宣传方面或者有些帮助，在学术研究的领域里可以说毫无裨益。因此，我们在"东方学会"受到的最大委曲，并不是没有发言的机会，而是发不出具有权威性的言论，我们虽然说了许多话，但仍丧失了学术界的发言权。

二

如果想要在国际学坛上争回中国学人的发言权，首先，我们必须以开放的心灵来接受现代学术的考验。我们不能再以抄袭前人代替创见，以堆砌旧典代替渊博了。学术是客观知识的积累，不是主观感受的外射；是共同努力的结晶，而不是个人独占的商品。因而，在理论上，中国学人不一定即是中国学术的主人。假使在事实上中国学人确是中国学术的主人，那并不因为中国学术根本不能脱离中国学人（学术本是天下公器），而是因为中国学人经过了长期的奋斗，终于掌握了中国学术的权威性。自然，由于语言及其他背景的因素，本国人研究本国的学术总应该比外国人高明。但是，应该并不等于实在。在有些特殊的情况下,"应然"往往变成了不可企及的目标,与既成的事实恰恰相反。譬如荷兰的学者在研究印尼文物方面大概仍旧凌驾印尼学人之上,印尼虽然在政治、经济及社会上已经独立,但是在学术文化上却还没有完全争回主动权。

我们今天所面临的"境域",虽然与印尼不同,但其严重性却极为相似。五十年来,中国的知识分子饱受内忧外患的摧残,能够不中断地置身于学术界的就只占少数。在这少数之中,宁愿付出饔飧不继的代价来换取学术生涯的,那就更少了。在这极少数的学术志士中,又有几位肯或者能探讨外国学者近年来研究中国历史文化的方法和成就呢?我们在国际学会中感到无比的"疏离"本是极容易了解的现象,但是国际学术界是无情的——只问收获不问耕耘——唯有客观的学术成绩才是论断的标准。我们如何抗拒环境的压力,如何超脱内心的纠缠,乃至如何在一无凭借中挣扎向上,都不会引起任何共鸣。当然,在学术界奋斗的中国知识分子,尤其是以研究中国文化为终身职责的学人,都忍受了不少委曲,但是争取国际学坛的发言权却不能凭借内心的愤愤不平。如果没有国际会议的刺激,我们也许还可以暂时忽视别人的成就,关起门来顾影自怜一番。有了类似东方学会的镜子,鸵鸟似的心理再也行不通了。如果局势大体不变,最近几年台湾已不可能取代京都而成为世界汉学研究的枢纽,不可能超过香港而成为中国思

龙鹰之旅：从哈佛回归东海的认同和感悟(1966—1970)

想研究的重镇，也不可能超过美国而成为中国现代史及语言学研究的中心；我们甚至不一定能比荷兰的莱顿大学造就出更多的中国法律学专家，或者比日本九州大学培育出更多的宋明理学专家，但无论如何我们应当开始了。我们应当开始根据国内现有的典章文物及专家学者，在中国文化的领域里构建几个世界第一流的据点。

事实上，如何争取中国文化在国际学坛应有的地位，已不只是学术界单独可以解决的问题，而是所有现代中国知识分子的责任。学者们的自勉自励或者可以振奋一时，但是如果在政坛的知识分子不采取政策性的决定，在工商界的知识分子不提供经济上的支援，终究仍是无济于事的。

三

其实，每一个现代中国的知识分子，在理论上都是现代中国文化的见证者，因为知识分子不仅是职业的分类，而且是推进新思潮的原动力。不幸，这股原动力已经消失了，整个社会的"意义结构"也面临着崩溃的危机，年轻人的自我"认同"更是破裂不堪。于是，现代中国的知识分子像一群东倒西歪的醉汉，连自己最真切的"存在感受"，最强烈的"恐惧与战栗"和最痛苦的失落，都要凭借外来的词汇才能言之成理。然而萨特的哲学是基于法国存在主义的思潮,克尔凯郭尔的神学是建在丹麦基督教新教的运动,海明威的文学是来自美国流亡作家的气氛。他们的成就都不是独立于文化社会以外的空中楼阁,而且只有在相关的文化社会里,他们的贡献才有真实的意义。我们如果不肯在自己的文化社会中作一番反省批判的工作,一味想在别人的田园里寻找边际型的归宿,那么不管我们有多少存在的感受,有多少恐惧和战栗的经验,有多少失落的痛苦,在哲学上、神学上或文学上都会毫无所获。结果,存在的感受不但不能引发出伟大的哲学思想,反而点燃了不可收拾的无明业火;恐惧和战栗不但没有升华成崇高的宗教感情,反而引起了如死灰般的麻木不仁;失落的痛苦不但未能转化为创造的文学动力,反而导致神经质似的叫嚣。

二十年来,台湾第一流的高中青年大半进入理工学科,第一流的文法学士又大半献身于外文、经济,真正从事于研究中国文化的人才,仅限于中文、历史和哲学三系中的"硬汉"。这个局面确实是够悲惨的了。但是,正当我们倾全部之力来发展自然科学的时候,欧美各国却又掀起了大规模研究中国文化的浪潮。尽管我们的天分特别高,语文的基础特别好,文化的修养特别深,而且对自己的历史传承有与生俱来的敏感性,我们又如何能靠酣睡了几十年的兔子和按部就班地走了几十年的乌龟来一争长短呢?!我们都知道,文化和地域有着密切的关系,但是文化的使者并不靠大家的选举,因而中国人最多的区域并不一定就是中国文化精华的所在地。没有中国知识分子们自觉的积极的努力,中国学术文化的精神和泉源很可能会在中国人聚合之处枯萎掉,干涸掉,造成一种文化沙漠的现象。这是我们在国际学坛一蹶不振的主要原因。

四

因此,我们的结论是:国际学坛的发言权不能在会议召开的时候才去争取,必须在平常就打好稳固的理论基础。这不但牵涉到学术界本身的潜力问题,而且关联着整个文化水准的问题。但是,如果现代中国的知识分子能够深切地体认到这个问题的严重性及迫切性,那么既存的精神方向必可逐渐地转变,某种程度的连锁反应也就不难预期了。

(载《大学杂志》4期,1968年4月)

从建立自我到国际学坛
——一些杂感似的答复

作者刚在哈佛获得哲学博士学位,翌年起将在普林斯顿大学讲授中国哲学思想。

一

我写出《在学术文化上建立自我》和《争取国际学坛的发言权》两篇短文以后,引起了某些读者的误会与苛责:以为我不知道专家学者与知识分子之间的区别;以为我不顾20世纪的参与精神(spirit of participation),仍旧在宣扬象牙塔式的经院主义。有位稍具幽默感的女士,甚至以为我在野人出版社所发行的《大学杂志》上贩卖野人头。

然而,除了毫无根据的人身攻击以外——事实上,比较尖刻的

龙鹰之旅：从哈佛回归东海的认同和感悟(1966—1970)

人身攻击,都已被编辑们善意地删去了——我愿意接受所有的批评。因为误会多半是由于我的文字不够精练所引起的,有些苛责也确是由于我的语气过分强烈所激起的,至于无名的怒火,本来也是值得谅解的。不过,只根据文句中所带的几分狂气来揣测我的为人和我的写作动机,那就未免离谱太远了。首先让我从自己的"立言宗旨",也就是我写那两篇短文的机缘和对象开始。

二

我虽然很钦佩西方哲人"为知识而知识"的精神,并且承认追求真理的本身即含着庄严的意义。但是,把全部生命投注在图书馆或实验室里作研究,与外在世界毫不发生关涉的专家学者,却不是我最向往的"人格形态"。我更欣赏敢于面对现实,勇于战胜自己并且能够开拓人生境界的"知识之士"。因此,我总觉得儒者以天下为己任的抱负,君子以践仁为职守的气魄,都比只通一技一艺的专业人才更为难得。可惜我们当今所面临的问题不只是缺乏有大志的青年,更在于在这极少较有大志的青年中,许多又不自觉地走入狂想之途。也就是不经过磨炼或训练,就想发生很大的影响和力量。

在传统中国,读书人可以做的事情极多。他们进可以对国家政策直接发言,甚至斥责权奸批评天子,退也可以在地方上推行县治,提倡乡约、社会。即使完全脱离政坛,也可以在社会上作领袖,在山林里作名士。现代中国的知识分子,自然也可以在政治、经济或社会上一显身手。因此,每一行每一业都有让知识分子们施展才华的机缘。现代中国知识分子的伟大精神就在于不畏强权,不顾风险,甚至不顾惜性命地向"现实"挑战——黄花岗七十二烈士之于满清,五四学生之于军阀,抗战青年之于日寇,都是极明显的例子。不过,儒家君子的潜力不只表现在"政治意识"(political consciousness),而且表现在学术文化。如果我们想要发扬"士"的精神,不能不仔细体味"君子无一朝之患而有终身之忧"的古训。

三

五十多年来,我们从未缺少"愤怒的青年"。今天海内外的知识分子都有所谓"失落"或"无根"的感觉。顺着这种莫名其妙的感觉,到处都有需要发泄的文人和需要出气的骚客——在学术界服务的人士以及在家庭里服务的主妇,都在所不免——因此,我觉得今天中国知识分子中最欠缺的,不是暴虎冯河死而无憾的壮夫,而是好学深思,有文化的感受,有"终身之忧"的"勇士"。要想履行"勇士"的职责,我们自己必须先能在学术文化上堂堂正正地站

龙鹰之旅：从哈佛回归东海的认同和感悟（1966—1970）

起来；"隔离的智慧"和"孤独的灵魂"只有在这个层次上才有确定的含义。有人以为知识分子一旦脱离了社会，他就失去了影响力，终至被大家所遗弃。这种观察不但是静态的，而且与事实不符。从人格发展的立场来探索，文学家像托马斯·曼（Thomas Mann），哲学家像罗素（B. Russell），神学家像保罗·蒂利希（Paul Tillich），史学家像汤因比（A. Toynbee），物理学家像爱因斯坦（A. Einstein），这些在塑造20世纪的价值观念中发生了极大影响的人物，都经过一段智慧的延展期（intellectual moratorium），也就是"一番潜沉内敛的真工夫"。有了这一段工夫，他们的感化力才远比宣传家和煽动家的五分钟热度来得广大，来得深刻。所以，自我建立的工夫不但是形成知识分子的必要条件，而且也是知识分子的影响力能够深入社会人心的主要因素。钢琴家鲁宾斯坦（Arthur Rubinstein）受观众们喝彩叫好的盛况是显而易见的，而他日以继夜的苦练精神以及临场时战战兢兢的恐惧心理却很少为外界所知，这本是人之常情。但是，如果我们连知识分子必须先建立自己才有资格谈影响社会的论点都不能忍受，那就未免太浮夸了。这是我写《在学术文化上建立自我》一短文的主旨。

如果在学术文化上建立自我确是现代中国知识分子的主要任务之一，那么中国文化的研究在国际学坛上所占据的地位以及中国学人在世界学术界所扮演的角色，应该是每一位现代中国知识分子所关切的问题。我写《争取国际学坛的发言权》一短文的主要用意，即是点出这个问题的严重性，提请大家注意。我举出日本的京都、荷兰的莱顿以及香港等地研究中国文化的特色，也不过是盼望海内外的青年朋友能够扩大视野，开拓心胸，跳出自己的门户之见，争中国文化的"百年"而不争个人恩怨的"一日"。固然我的选择只能代表主观的抽样，但是我的立论却根据着客观的事实以及亲身的经验。现在分述如下。

四

"汉学"一名词的本身是否有贬斥之意？Sinology 是否已经过时？是近年来在学术界常常争辩的问题。《亚洲研究学报》(*Journal of Asian Studies*)两年前曾经刊载过一连串有关"社会科学"(social sciences)及"汉学"两行间互相合作的论文，现在担任香港大学中文系教授的周法高先生，有《汉学论集》(正中书局，1965年)一书对这问题阐述甚详，我不拟在此多谈。但是，有两点常识必须稍加说明：第一，日本人可以认为"东洋鬼子"是侮辱，中国人不必逃避"汉人"或"唐人"的称呼。因此，我们尽可对支那学表示反对，而似乎不需要痛恨"汉学"。第二，中国文化可以从语言学、人类学、社会学或心理学等学科所提供的方法来分析，今天也尽可以没有"中国的物理学",但是学术界有关于中国文学、中国哲学或中国宗教的研究是必须承认的。因此,我觉得有志于研究中国文化的青年学子,若要想争取国际学术界的第一线,既不能忽视日本的汉学家,也不能忽视欧美的 Sinologists。当然,谈到日本京都的汉学成就,难免要牵涉到民族情感的问题。我应当先把自己的立场表白清楚。我生在抗战时期的昆明,对日本军阀的暴行至今仍有切肤之痛,也永远忘不了在日机轰炸下侥幸生还的情景。但因为我在建国中学读书时有一位私交极好的日籍同学,在哈佛大学读书时又结识了几位日本学人,加上去年亲自到日本京都大学及人文科学研究所去参观过,所以不愿意因为痛恨日本帝国主义而抹杀掉当代日本学者们在学术界的成就。现在根据周法高先生的记载只举一个例子来说明,日本京都及东京两座大学里,以毕生精力研究中国文化的专家学者就有 70 多位;京都大学在 1964 年所开的课程竟包括下列诸种:中国思想史、汉初思想史论、陆贾《新语》、以宋钘为中心之道家思想、王守仁《传习录》、刘知几《史通》、清代财政之研究、辽金元的研究、中国之神话传说、隋唐帝国史之研究、清末之革命思想、敦煌与西域、一条鞭法与地丁并征、北朝隋唐之均田制度、《资治通鉴》、中国古代美术史概说、中国地方志之研究、中国文学史、中国语学概说、北宋之散文、明清小说、六朝诗人论、蒙古语学等等。这些课程或是大班讲授,或是小组讨论,有些还由闻名全球的学人如宫崎市定、佐伯富、贝塚茂树、吉川幸次郎及小川环树等亲自主持。这不过是一个例子,至于学术论著,那就更是洋洋大观了。我们能够忽视这些成就说汉学已落伍了,欧美人现在讲"区域研究"或"东亚研究"了,日本学者的成绩可以一笔勾销了吗?

五

谈到欧洲的情形,凡是对中国学问稍微注意的人,不会不知道法国由沙畹(Eduard Chavannes, 1865—1918)、马伯乐(Henri Maspero, 1883—1945)以及伯希和(Paul Pelliot, 1878—1945)等学者所建立的学统,因此法国的巴黎大学文学部授课之所索邦(Sorbonne),便公认是欧洲汉学研究的中心。另外,德国的福兰克(Otto Franke, 1863—1946),瑞典的高本汉以及英国的李雅各(James Legge)也分别在自己的国家里开辟了重要的汉学园地。这也是大家所熟知的。荷兰的莱顿(Leiden)大学在研究中国法学思想方面的造诣虽然是学术界的常识,但却不为一般人士所注意。我在《国际学坛》一文中特别提示出来,无非想对这批在荷兰的学者们表示敬意。我访游莱顿大学是前年7月初旬的事,当时的感想很多,留下了一些杂记。其中与本题有关的可以摘录几句:

龙鹰之旅:从哈佛回归东海的认同和感悟(1966—1970)

刚刚参观完 Leiden 大学的 Sinological Institute。在一座独立自足的红砖房里,楼下是印度尼西亚的研究中心。他们中文藏书约有 8 万册,研究生 40 多名,名教授像 Hulsewe 和 Zürcher 虽没见着,但由两位助教带领我参观了他们的书库——在荷兰看到那么多中国书并接触到极为认真的学人,也确实是件不太容易的事。然而,以中国的地大、物博、人众,在欧洲研究中国文化的田园仍有急待开展的必要……欧洲的汉学家乃至学术界全体,都是各自为政,我行我素,他们没有什么骇人听闻的大计划,也不重视什么规模庞大的会议,然而他们写出来的东西都极有水准,他们的思想也有足够的深度。一般说来,美国学者究竟心浮了些,粗枝大叶在所难免。Leiden 本来以研究法律著名于世,在中国方面也以法学为主,然而现在力求兼顾 Catholic,真是包罗万象,可是没有人专攻中国哲学。他们的中文教本倒是包括"四书"、《荀子》及《韩非子》。希望不久的将来,荷兰的中国研究也像美国一样变成一大王国,但并非由于军事、政治或情报的要求所促成……

荷兰的汉学传统由 G. Schlegel 开其端,早在 1877 年即担任莱顿大学第一任的中国文化讲座,并与他同时的法国名学者 H. Cordier 创办在汉学界声望极高的《通报》(1890 年出版第一期)。承继 G. Schlegel 的是 J. J. M. de Groot (1854—

1921），以研究中国宗教而名震欧洲汉学界。他的著作包括有关大乘佛教、道家、儒家以及民间宗教的书和论文。但是莱登学统的最大功臣还要推著作等身的戴闻达（J. J. L. Duyvendak），他不但是莱顿大学汉学研究院的创始人，也是培育年轻学者的一代大师。他翻译过《商君书》和《道德经》，并且有不少水准极高的专题研究，尤其是他敢于认错的精神，更是常为学者们所称道。现在主持莱登中国研究的何四维（A. F. P. Hulsewe）即是他的高足。

何四维以研究汉代的法学思想而成名，有 *Renmants of Han Law*（Leiden，1955）一书，翻译班固《汉书》中的礼乐（二十二）及刑法（二十三）两志，并且有详细的解说及注释。另外 M. H. Vander Valk 教授也是以研究中国法律为终身事业的名学者，有 *Conservative Tendencies in Modem Chinese Family Law* 的论著，姑译为《现代中国家庭法的保守趋向》，在1956年由莱顿大学出版。至于莱顿大学的 Zürcher 教授在中国佛教方面的造诣就不必在此述说了。莱顿大学成为在欧洲研究中国法学思想的中心已有几十年的历史，如何评价该中心的一般贡献却不很容易，也不是我的能力所及。总的来说，欧洲学者研究我国法律的在 Jean Escarra（1885—1955，巴黎出身）以前有 Staunton, Andreozzi, Kohler Boulais, Alabaster, Jamiesow,

Deloustal、Pelliot 和 Schmidt 等人。根据何四维的报道,到今天仍是代有人才出,他们多半与莱登有关。瞿同祖先生的 *Law and Society in Traditional China*(1961 年)虽在美国成书,却出版于巴黎及海牙,并请何四维先生写序。这也许不只是偶然的机缘而已。

事实上,美国集中财力、物力、人力对中国法律作全面性的研究,也不过是近五年的事。在华盛顿大学执教的 Bilancia 博士,三年前因为研究工作的关系,曾有一段时间常常驾临我们在康桥木兰街的小阁楼。他开始搜集中国大陆的法律词汇有年,是学术界的青年企业家,说他在主持"最大的中国法律辞书纂修工作"也许不很恰当。哈佛大学的 Jerome Cohen 教授,在五年之内创建了一个研究中国法律的中心,并且"训练了不少台湾来的学生"。这也确是一件耐人寻味的事。根据这些现象,我们至少可以引申出一个结论:在国际学坛研究中国法律学的人才实在不多,但是在这少数的"专家"中,我国旅外学人却没有占几席。徐道邻先生的《中国法制史论略》(正中书局,1953)已出版十五年了,《唐律通论》(重庆,1945)更有二十年以上的历史;而且徐先生的学术领域极广,他对一般社会科学的兴趣也许比法律学更浓,现在密歇根州立大学(Michigan State University)讲授的课程以及研究的题目都超出了法律学的范围。再谈瞿同祖先生，他的《中国法律与社会》成书于 1947 年，前面所提到的英文作品即是该书的增译本。其实他最重要的著作还是《中国清代地方政府》(*Local Government in China under the Ch'ing*)，1962 年由哈佛大学出版。他确是美国哥伦比亚大学出身，曾在哈佛大学讲授地方志（1961），几年前也曾执教于加拿大的哥伦比亚大学，但是现在即使打起灯笼也不会在欧美各地找到他的踪影了。

六

至于推崇香港在中国哲学思想研究方面的贡献一点，我曾经在《人生杂志》第 22 卷第 5 期所载《从中国思想研究看台湾》一文中提到过，不必在此赘述。当时钱宾四先生还寓居沙田，现在的情形自然有所改变，但是我认为香港，特别是香港中文大学的新亚书院，在研究中国哲学思想方面仍是亚洲的重镇。我的看法免不了包含一些主观的成见，也许和我去年在香港逗留六个星期从游牟宗三及徐复观两位先生有关（徐先生现已返回东海大学执教，牟先生则由港大移教新亚）。不过，我必须申明，研究哲学思想，尤其是中国的哲学思想，档案根本无关紧要，高薪不过是助缘，适当

龙鹰之旅:从哈佛回归东海的认同和感悟(1966—1970)

的环境也不一定是必要的条件,知识分子自身的反省深思与奋勉精进才是最重大的因素。香港的唐君毅、牟宗三、谢幼伟、程兆熊几位终身奉献于研究中国哲学的先生们可以在那种"极不平衡的社会中"写出百余万言的巨著,是何等毅力!何等精神!我们忍心以香港学人们都在"拨弄人事"、"搞派系拉交情"之类不负责任的话而把他们的心血一笔勾销吗?

1946年在夏威夷召开的第四届东西哲学会议,中国文化区应邀的代表三位:方东美先生来自台湾,唐君毅、谢幼伟两先生都来自香港。在中文刊物里,十多年来专以中国哲学思想为主题的,也只剩下香港的《人生杂志》;在学术界用中文讨论中国哲学思想最具权威性的年刊,也还要推香港的《新亚学报》;近年来在美国《东西哲学学报》(*Philosophy East and West*)用英文发表有关中国哲学研究的亚洲学者,也以唐君毅先生居首。香港的青年学人中,像劳思光、李杜、唐端正、郑力伟诸先生,在研究中国哲学思想方面,都花下了十多年的工夫;游学美国的像余英时(执教哈佛大学)、陈启云(执教加州大学)、陈学霖(参加哥伦比亚大学编纂明代名人传记的大计划)等先生,也都是中国旅美学人中的佼佼者,我们能忽视他们的成就吗?

七

现在国际交通愈来愈方便,学术交往也愈来愈需要。因此,凡是研究中国文化的学人,对世界各地的"汉学行情"都应该有所了解。我对荷兰、京都和香港的些许常识,局外人不免假以"吹嘘"的罪名,洞悉内情的人都知道这不过是要想在学术界生存的起码条件。如果我们在1968年的今天还必须举出俞樾、章炳麟、黄侃、王国维等人物的贡献,我们的学术界也就够悲惨的了。至于洪煨莲及何廉两位长者所开拓的工作,我们这些自命为"接棒子"的少壮派现在有资格,有毅力,有适当的环境去承继吗?因此,我在那两篇短文中的呼吁,不但不是责人,而是自责自咎。因为我相信,能够改变这种"尴尬"场面的力量不会来自"平日袖手旁观不谈学问,偶尔心血来潮痛骂儒生"的"雅士",而是来自学术界知识分子们本身的自我建立。确实,知我者言我心忧,不知者谓我何求。

1968年6月于普林斯顿

(原载《大学杂志》8期,1968年8月)

消弭学术界的趋时风气
——介绍熊十力先生的《戒诸生》

我国近代大儒、湖北黄冈的熊十力先生在《十力语要》中曾有一段《戒诸生》的文字,称"中国学人有一至不良的习惯,对于学术,根本没有抉择一己愿学的东西。因之,于其所学,无有不顾天不顾地而埋头苦干的精神。亦无有甘受世间冷落寂寞而沛然自足于中的生趣"。熊先生对"吾国学人,总好追逐风气。一时之所尚,则群起而趋其途,如海上逐臭之夫,莫名所以。曾无一刹那,风气或变,而逐臭者复如故"的情形更是痛心不已。

记得我在高中三年级准备报考大学的时候,一位在美国只能算是第二流的实验物理学家,堂堂以贵宾的身份回国讲学,并且通过大众宣传的工具,一周之间突然变成了青年们所崇拜的偶像。于是报考物理的人数急剧增加,好像聪明才智之士不学物理就是自甘堕落。在这种单线追逐的风气中,有能力攻读理工而以兴趣选择文法的少数"英豪",反而被同侪们视为怪物。事隔十二年,这种毫无道理的精神压迫不但没有解除,反而与日俱增。青年学子何辜! 竟结队地被社会上的影响之谈牵着鼻子走,牺牲自己的事业,出卖自己的性灵,去迎合权贵们的"错觉"?!

其实,这种"随众势流转"的学术风气,并不只是近二十年来目睹的怪现象。根据熊先生的观察:"民国洪宪之变以后,时而文学特盛,则青年非为新文学家,不足自慰。时而哲学特盛,则又非哲学不足自宠。时而科学化之呼声过高,则青年考大学者,必以投理工,弃文哲,为其重实学去浮虚之最高表示。实则文学、哲学、科学,都是天地间不可缺的学问,都是人生所必需的学问。这些学问,价值同等,无贵无贱。我若自信天才与兴趣,宜于文学,则虽举世所不尚,吾孤往而深入焉,南面之乐,不以易也。乃至自信我之天才与兴趣,宜于哲学,或科学,则虽举世所不尚,吾孤往而深入焉,南面之乐,无以易也。如此,则于其所学,必专精而有神奇出焉。试问今之学子,其习业,果非逐臭,而出于真正自择者,有几乎?"《十力语要》卷一所收的笔札,都是熊先生 1935 年以前所撰写的,距今不觉已有三十多年的历史了。读其书,想见其人,真是感慨万千!

去年我曾有一篇刊在《大学杂志》的短文,其中用了"隔离的智慧"一词,原想表达宋儒"先立乎其大者",或禅宗"截断众流"的

龙鹰之旅：从哈佛回归东海的认同和感悟（1966—1970）

意思，否则和全篇宗旨"建立自我"有何关涉？但是，许多读者都以为这个名词是"英文书上看来的"和科学从业者"不偏"（disinterested）的精神有关。这也难怪，在海外攻读的留学生中不肯深入一家、一人，甚至一本有分量的学术作品，而专门拣取时髦。新奇的"逐夫"实在太多了。于是，不经分析、不经选择地套用英文名词便成为世所崇尚的学术捷径。现在，"存在主义"、"行为科学"、"社区发展"乃至"心理分析"都变成了我们常用的词汇，但是在学术界却找不到几本有关这类问题的专门著作。将来人云亦云，即使中学生都能谈"存在的感受"，社会人士都知道行为科学的伟大，农民都赞成社区发展，大家都要求心理分析。但这些学问仍旧无法在中国的土地上生根！

在这方面，熊先生三十年前所发的慨叹又是一针见血："西洋诸名家思想，经介绍入中国者，如斯宾塞，如穆勒，如赫胥黎，如达尔文，如叔本华，如尼采，如柏格森，如杜威，如罗素，以及其他都有译述，不为不多。然诸家底思想，不独在中国无丝毫影响，且发生许多驳杂、混乱、肤浅种种毛病，不可爬疏。此何以故，则因诸家之学，虽经译述其鳞爪，或且迻陈其大旨，然当其初入，如由一二有力者倡之，则大家以逐臭之态度而趋附。曾未几时，倡者已冷淡，而逐者更不知有此事。夫名家显学，既成为一派思潮，则同情其主张而迻译之者必有继续深研之努力，方得根据其思想而发挥光大，成为己物。今倡之者,既出于率尔吹嘘。逐之者,更由莫名其妙之随声附和。若此,则诸哲学家之精神,如何得入中国耶。"

熊先生已于去年6月以86岁的高龄在上海逝世了,哲人其萎。我们不禁要问,为什么在西学大盛的现代中国,一位睥睨狂流,躲在书斋里苦读儒经佛典的长者,对青年学子们的病痛有如此精辟的诊断,而抱着西化的旗帜到处呐喊的"医生"们,却连最显而易见的症候都看不明白?也许时代的动脉只有神凝气聚、好学深思的人物才体认得到。在学术潮流的上层浮动的趋时者,即使偶然发生一些片面的影响,最后仍免不了要遭受到灭顶的命运。

(原载《大学杂志》14期,1969年2月)

从博士到教授

——漫谈美国的学术界

在美国的学术界,获得博士学位只能算刚刚初选及格。从博士开始,要接受三次复赛,等到通过了讲师、助教授、副教授的大关,才能取得正教授的资格。正教授可以算入围了。但入围以后,再要经过各种学术刊物、出版集团、基金组织乃至社会人士的考验,方能取得争夺名教授头衔的决赛权。至于能否鹤立鸡群地击败各路英雄冲到学术界的第一线,还要由洞见、机缘甚至寿命来决定。因此,美国的学术界虽然到处是金牌和银盾,要想一显身手,夺取几块并不是一件轻松愉快的事。现在暂且把从博士到教授的几个阶段作一概略的描述。

一般而言,大学毕业后要想完成博士学位,理工方面需要三年以上,文法方面需要五年以上。通常攻读博士分成三个阶段:第一步是选修课程。大约需时两年,共修16门。平均成绩要维持B以上才不致退学,达到A减才有获得奖学金的机会。严格一点的学校,如果是大班制,给A不会超出上课人数的1/10。因此,一班有30人的话,只有四五个可以得到最好的成绩。第二步是通过考试。包括笔试和口试,有些学校称之谓"一般考试",意即与主修科有关的各种问题。理工方面范围比较确定,文法方面则是海阔天空,无所不包。譬如考西洋现代思想史时,教授可以从"何为浪漫主义?"之类的哲学问题,突然跳到"穆勒哪一年去世?"之类的历史常识。置身其中,真好像坐升降机一般,忽上忽下,完全不由自主。因此,准备起来也就毫无头绪。大约读历史的,每门要阅览一百多本够水准的书才算稍有把握。博士考试至少包括4门,加起来要看的书就相当可观了。第三步是交论文。根据美国去年的调查,通过博士课程及口试而交不出论文的,几达全部候选人的30%。有很多人,经过四五年的磨炼,已是精疲力竭了,于是想在写论文时轻松一下,结果一拖再拖,五年八年,时间很快地就过去了。现在美国各大学都有规定,必须在通过考试后若干年内交论文,否则取消资格。哈佛大学的限期好像是5年,可是仍有允许延期的规定,延两三次后也就变成老博士了。

　　博士学位,尤其是名大学的博士学位,得来并不容易,但是在学术界里,博士不过是最起码的要求。只有最优秀的博士才能挤入讲师之林,因此取得博士学位后能够留校或到更好的学校去当讲师,是件极为荣幸的事。一位中国留学生在哈佛大学获得物理学博士后,曾有家大公司愿出年薪1.4万美元的高价礼聘他,但他毫无考虑地接受了普林斯顿大学年薪不及7000元的讲师职位。因为留在学术界才有冲到第一线的可能性。然而讲师只是第一关。在三年之内,如果不能升到助教授,就必须离职,另谋发展去了。这位先生曾在私下表示,若用最机械的方式来计算,将来他可以升上去的机会只有12.5%。换句话说,另外有七位和他的资格不相上下的讲师,也在争取同样的关口。

衡量升等的标准本来应有两种:一种是教育学生的情形,一种是著作出版的表现。但是,因为前者难于评价,重点很自然地转移到比较容易客观化的后者。因此,美国的学术界流行着一句"不出版即灭亡"的口号。出版并非全是量的问题,譬如报章杂志乃至其他通俗性的文字都不能算数,只有刊载在学报或学术季刊的专门研究才予以考虑。美国学报的审核制度非常健全。刊载一篇论文必须经过专家评议、委员投票和编辑修改等手续。就以第一流大学的博士论文为例,能够在学报上发表的不会超过1/10。至于出书,那就更困难了。能在交博士论文后五年出版第一本学术论著的青年学人,就算是佼佼者了。

从助教授升副教授共有五年的时间。机遇一错过,又只好卷铺盖走路。前年有位在哈佛教印度史的助教授,由大学时代开始,前后奋斗共有十几年,最后仍旧被迫离去。他愤愤地表示:"我们待哈佛如同圣殿,哈佛待我们好像用过的手纸,一丢了事。"但是,名学校为了维持最高的标准,不能不严守门户。《纽约时报》曾报道过学术界竞争激烈、人情淡薄的故事。实际上,学术界是不问耕耘,只问收获的。个人的奋斗史和辛酸史在教授心目中不能引起共鸣,只有真才实学才是真实的学术本钱。

在一般美国的大学里,取得副教授的资格以后就可以享受"长期应聘"的权利,直到65岁退休为止,不必再为解聘而烦恼了。但是有些学校对副教授仍不肯减轻压力。譬如耶鲁大学,有很多副教授随时随地还是要受到解聘的威胁,而且因限于年资和编制的关系,有不少杰出的副教授,尽管具备了充分的资格,结果也只好终其身而不能更上一层楼了。

因此,美国的正教授,尤其是第一流大学的正教授,自然地拥有崇高的学术和社会地位。但是,他们依然不能稍微松懈。上至学术界的权威,下至研究员或大学生,都会对他们施以压力。因此,他们既要经常发表论文、书评甚至专著以满足学术界的要求,又要随时周旋于青年学子之中以提拔后进。一位教授如果不能在学术界担任自己专长的领导工作,他不但会受到同事的耻笑,甚至会遭到扣薪之类的打击。不生产的教授就好像不生蛋的母鸡一般,难免有被宰割的危险。同样地,如果他不能指引学生,带着侵略性的美国青年就会毫不留情地举行示威游行，提出各种要求。所以，第一流大学的名教授都同时担任3种课程。第一种是通识教育的大班课。听讲的多达数百人，采取演说的方式。第二种是专题研究的小班课。大约收20多位，采取问答的方式。第三种是论文指导。常是个别讲授，采取讨论的方式。只有这样，他们才能一方面作广泛的接触，一方面又作深入的研究。

在美国的学术界里要想崭露头角，并不是件容易的事，至于冲到第一线那就更难了。然而，在美国的中国学生，如果不肯违背留学的初衷，只有在学术界打天下才真能心安理得，虽然并非"全是皆傍蹊小径，断港绝河"，但也相去不远了。

（原载《东海文学》12期，1967年2月）

美国学术"市场"概况

这篇文字是根据我在东海大学所作的一次非正式的谈话而写成的,原载《东风》,后来又经《东方杂志》转载。但是其中疏陋之处很多,只能算是一种杂感性的介绍。

"学术界"本应是高尚的、严肃的,怎能用"市场"来形容呢?我在这里用"市场"一词来形容美国学术界有两个理由:

其一,因美国现在的学术界里面竞争激烈,它的情况和商业市场可说非常近似。

其二,"市场"一词在中国人的观念中,总与"闹哄哄"、"毫无秩序"联想在一起,但是在美国,"市场"却是一非常严肃的名词,它蕴涵着自由竞争的意思,因而绝无贬损的含义。

这个题目,我将分作三点来说明,来讨论。

其一,美国的大学如何争取学生。

其二，美国的大学如何争取教授。

其三，谈了别人，自然也要讨论一下自己。因此，最后我想根据我们的环境、条件来讨论我们应该如何利用它来充实自己，俾使在台湾和海外学术界的竞争中获得胜利。

一

在美国，高中毕业生要通过一个全国性的考试，它的目的在测定资格和程度，以作为进大学的参考，然而并不是绝对的，选举标准和我们联合招考不同。事实上，一个高中毕业生若要申请大学，主要是依据老师的介绍信。介绍信很重要，而且学生本身是看不到的；其次就是填申请表格，交各种成绩单；再就是面谈。通过这四关，才可进入大学。

美国的大学为数极多，每年它们为争取优秀的学生，都非常紧张，大做特做宣传，像工厂介绍工作环境似的。它们的宣传方法各色各样。譬如有的学校，宣传它的位置好，在郊外，但离城市也近，学生既可享受郊野的安静、原野的美丽，也可以享受城市中多彩多姿的生活。有的学校以其学校小作宣传，它的学生能和教授常接近。有的学校，则以它有多少得诺贝尔奖的教授来吸引学生。各种方式都有。这种宣传风气，不仅在美国盛行，而且影响到欧洲。

譬如牛津大学原是从不作任何宣传的大学,但近来,因牛津给人的印象是保守,而剑桥给人的印象却是自由,所以许多优秀学生都被剑桥争去。这么一来,牛津也被逼得去请一家广告公司代为宣传,来对抗剑桥了。

各大学间的竞争并非全是各自独立的,也有采取联合阵线来打天下。美国地大,因此造成它们人民的一些区域感。这种联合阵线就是以这种区域感为基础而组织的。最初,美国的学术风气以东部为最兴盛,后来西部兴起,与东部竞争,而最近中部也兴起,以各种方法向上发展。东部的大学是用"传统"做它们的后盾,西部的大学则是以雄厚的财力来策划建设。美国大学间最早的联盟是常春藤联盟,由哈佛、普林斯顿、耶鲁、哥伦比亚、康奈尔等七所大学组成。西部则以加州大学为主。其实它已不能说是一个大学,它在全州许多地方都设有校区,各校区都是一完整的大学,所以有的学者不称加大为 university(uni 含着单一的意义),而称为 multiversity(mult 含着多元的意义)。它是拿加州的力量,集中财力来做有系统的计划;它想以伯克利为重镇,成为美国学术的中心。但在加州,另有几个大学,如斯坦福、加州理工学院、南加大,并不服气,也与之竞争。但它们都有个一致的目标,就是如何使最优秀的学生到西部来。

加大最近闹了几次学潮,原因是学校发展太快,学生太多,一个学生见教授要先登记,往往需要等上几天;等到和教授见面后,又只能略谈,几分钟后教授就起立送客了。因此,学生们为了要求学校给予较多接触教授的时间而大闹了几次。这情形颇有点像工厂的工人要求加薪而罢工一般。加大的校长是学工厂管理的,因此有人讥他将加大当工厂管,才闹出这些学潮。其实问题还要深刻。

由于东西部的竞争,优秀的学生不是往东跑,就是往西奔,中部的大学看他们往来奔波,不是滋味,也痛下决心,要使学生跑到中部就不再跑了。因此,中部的大学正在策划一个大校联盟,任何在此十所大学内念书的学生,可以任意转校。也就是说,如果你高兴的话,四年可念好几所大学。这么一来,学生们可在四年中,领受各种校风,接触许多教授,而且还可玩遍美国中部,岂非一大乐事!这一决策如果付诸实施,也许会收到不少效果。另一大学康奈尔,即胡适之先生的母校,更进一步,跑去和伦敦大学联合,学生可跨到欧洲去念书和游玩呢!而斯坦福大学,干脆在英国买下几个古堡,让学生研读其中。同时,斯坦福大学在全世界设了许多中心,学生可到那些中心去研读当地语言、历史和文化。现在在台湾也设了一个。

其他的宣传花样多着呢!例如有的大学以"运动"来宣传,尤其是橄榄球。在美国,如果哪个大学使它的橄榄球打入第一流,就能使校名常在报上出现。因此有些大学就为此跑去收买球员,答应给他汽车,给他钱,读不读书也无所谓。但这多半是一些野鸡大学干的事。

二

一所大学想出人头地,专从学生身上下工夫究竟只是一方面,另外必须还要有优良的师资。一个学校的好坏,其决定性因素实际是在该校教授身上,而校长多半是行政人才,并非学校精神所在。因此,各大学对教授的争取便形成一个热闹的场面,尤其是有些可以成为第一流而尚非第一流的大学,对于争取名教授更为热心。

争取教授的方法如何呢？其实也是花样繁多。譬如有一大学,想争取某一系的教授,就举行一个全国性的属于该科的学会,请各地教授来参加,并借机向他们试探,拉拢。有一个例子,即是伯克利对付芝加哥大学物理系的例子。芝大虽有许多财阀支持,实力雄厚,但是不幸,它的校园附近渐渐被黑人包围,时常发生种族冲突,教授因此也受到威胁。伯克利就乘机派人与芝大物理系的教授接触,向他们介绍该处的环境是如何优美,研究条件是如何的好……慢慢地,每年拉一两个教授并带几个研究员去,逐渐地几

龙鹰之旅:从哈佛回归东海的认同和感悟(1966—1970)

乎整个芝大物理系都搬过去了。

另一例,是哈佛争取伯克利的政治学权威教授 S. M. Lipset。方法是这样的:Lipset 有一半年的假期,哈佛的社会学系主任 Parsons 为美国社会学权威,就请他来讲学半年,并在这半年期中,与他共同研究问题。Lipset 在政治学已达极高境界,要想继续有所发展扩充,与社会学结合则是一大好机会,于是 Lipset 与 Parsons 的共同研究就由短期而发展到长期。终于 Lipset 最后决定留在哈佛。再举个伯克利拉哈佛教授的例子。这位教授名叫 R. Bellah,是一前途很大的教授,他还没有到 40 岁,却已升为教授,学校甚至考虑以他为 Parsons 的继承人。哈佛有一传统,就是教授需要常与学生接触,而 Bellah 为了他的前途,正需要大量研究时间,有点厌烦学生的干扰。伯克利知道这一点,首先邀请他去参观,并接触该校社会学系各教授(其中有许多国家的人,对许多国家的社会问题都有研究)。然后介绍伯克利的环境及优良的研究条件,并保证不会受学生的打扰,于是 Bellah 就逐渐地心动起来。

教授的争取目标不仅在国内,而且还越洋到欧洲,甚至到中东和亚洲。例如哈佛曾想以非常优厚的薪资及有利的研究环境来争取以色列希伯来大学的名教授 Eisenstadt,他也是世界社会学权威之一。但我想他,既然已是 Martin Buber 的继承人,而又代表以色列的知识分子,大概不容易心动。以色列这个国家,到现在建国不过18年,建国时决定以希伯来语为国语。经过长期的共同努力,他们使希伯来文起死回生。现在,他们的成就简直不可思议,不仅全国上下一致用希伯来语说话,而且大学里讲课也是用希伯来语,论文也是用希伯来文写出。现在世界上许多第一流的哲学、科学论文、文学作品都是希伯来文的。以色列的学术水准已挤入世界第一流,而在以色列人口中,博士的比例也是世界最高的。

再举几个例子。在美国,教育当局对各大学各系每年都要做一个比较,然后按其优劣,作一排名。在经济学上,MIT(麻省理工学院)与哈佛竞争第一把交椅颇为激烈,而有段时间,MIT争赢了。Samuelson是MIT经济学名教授,去年他休假,哈佛就拿非常高的待遇请他去,只要他在哈佛校区住上几个月,偶尔参加一下讨论会就行了。在这几个月中,Samnelson果然对哈佛大有贡献。

另外,杨振宁先生原是普林斯顿高深研究所的永久会员之一。那里面都是世界第一流的学者,有许多诺贝尔奖的得主,进去很不容易。杨振宁在里面,即握有考核新会员一票的权力,有人称其为提拔中国科学家的关键。最近,纽约州立大学在洛克菲勒等几个大财阀赞助之下,在纽约州各处选择最好的地点,建立校区,并在报章杂志大肆宣传,想要夺取美国学术界的领导地位。譬如,它设立了10个讲座,每一讲座年支10万,其中4.5万是薪水,5.5万是研究费,可由讲座教授主聘几名研究员。杨振宁先生即是他们所争取的对象。当时正逢奥本海默因年岁大,从高深研究所辞去主持人之职,由于要找新的主持人产生一点小混乱,纽约州立大学就借机会邀杨振宁去参观,然后向他提议请他主持该校的物理研究所及物理讲座。杨振宁见这所大学环境优美无比,研究条件又好,真具有成为美国学术重镇的潜力,并且也请几个中国科学家来帮忙,于是就答应了。

不仅对于名教授争取激烈,美国的大学对于年轻新锐,也非常重视。我有一个同学,他尚未拿到博士学位时,得克萨斯州的一所大学就以年薪1万以上的高价来请他,但合同需签五年。在那个学校看来,我那位同学具有很大的前途,而且未婚,五年中必会安顿下来,以后就难以离开了。因此一开始就以1万以上的高薪请他,还是很划算的事。

美国大学虽对新人的争取非常重视,但并不是说,新人进入学术圈后就一帆风顺。相反地,他们随时都有被赶出来的危险,因此,一个个进去后,都很紧张地做。他们进去,先是讲师,三年后如不升,就必须离开。升为助教授后,五年内需出版一本书,经该校研究会严格审查,然后再升为副教授。如五年后不升,也将离开。因此,要在学术界奠定地位,可不是简单的。于是,美国的学术界流行着"不出版即灭亡"这句话。学人如不出版,就像不生蛋的鸡,难逃被宰割的命运。所以在学术界里,常有因紧张过度而精神分裂的例子。

美国大部分大学退休制度都很严格,65岁一定要退休,至多再延3年。但事实上,有许多教授在那个时候正是他的巅峰期,因此有一个名叫柏森思的大学,就专请这种退休的教授。同时,它专收别的学校不要的、被赶出来的学生。这学校里学生的运动衫上面往往写上"哈佛",划个×;"耶鲁",划个×;"伊利诺伊",划个×……最后剩下一个干净的"柏森思"! 这学校教授的薪水几乎是全美国最高的,而学生的奖学金也很多,只要拿到C就可以得奖。但是由于教授都是一流的,他们给分数仍维持其一贯的标准,而学生们都是三四流的,因此很少人拿到C。一所大学,如果收的都是一流学生,所造出来的人才都是一流的,并不值得骄傲。因此有些大学,每年吸收一批有专长,如音乐、绘画、体育等方面的,但一般成绩很差的学生,看四年下来能将他们造就到什么程度,用来检讨学校本身的教育制度。

美国大部分的大学,不论是学文的还是学理工的,一律是授予BA(文学士),不给BS(理学士)。它们并不认为大学是培养专才的场所,那是研究院的责任。它们的教育制度称Liberal Arts,类似我们的通识教育。其教育的目的,在使学生能成一领袖人才,将来不论进入哪方面,都能鹤立鸡群。因此,大部分的大学,学生进去时不分系,只要你高兴,四年可念四个系。大部分学生到三四年级才决定念哪一门。有的在大学念物理系,进研究院却去念历史;有的在大学念的是政治,进研究院却去念医科。这种情形很普通,不足为奇。

美国的大学,并不是关起门来自己作研究,往往和企业公司及政府联络,替它们研究一些问题,由它们供给经费。例如麻省理工学院,就和美国政府及几家大企业公司订有研究合同。这学校有一林肯研究中心,有2000多名博士在里面。他们研究出来的结果,往往变成政府的决策。例如其中有一研究部门,研究当地的街道交通的改善。他们的研究结果一出来,立刻就被当地政府拿去实施。学校教育绝不会和社会脱节。

麻省理工学院办校的方针固然一方面尽量吸收优秀学生,另一方面也采取人海战术,想使它培育出来的人才能在社会上占一大比率。和它对抗激烈的是加州理工学院。它采用精兵主义,学生仅有1000多人,几乎个个都是天才,而该校教授研究员的数目也与学生差不多。麻省理工学院除了它的理、工科有很高的水准外,也办政治、经济等系,并且都是第一流的。加州理工学院自然不落人后,最后也设一历史系来对抗。

总之,美国的学术界充满了蓬勃、旺盛、紧张、竞争激烈的气氛。无论是学校,是个人,都不能丝毫放松,停止创造。谁一放松停止创造,就会落后,就会遭到淘汰。

三

最后，我想讨论一下我们自己的环境，看我们应该如何利用它以增进自己的"竞争能力"。

现在大学里有一很大的矛盾，就是学生们一方面对留学很向往，一方面却对学问本身没有兴趣，因此学校里学术气氛很低。现在的同学们似乎比较现实。几年以前不难找到一些有着一股读书求知劲儿的傻人，那时大家并不知道将来会怎样，但只知拼命地求知，打破知识上的难关向前冲。现在同学都想在大学四年中拿到一把钥匙，既可开财富之门，也可开留学之路，因此只看重分数。但是取得高分和真正的研究学问相差很远，往往四年结束后，才发现自己什么钥匙都没拿到，才后悔在大学四年中没有好好利用，没有参加各种课外活动，没有真读几本书。

学问是急不来的，不花下十年二十年的工夫不会有成就。因此，我认为在大学四年中，同学最好抱有两种态度：一方面要多接触，尤其各系间要多交往，不要各守其象牙之塔。因为学问必须通风，否则很快就会被堵塞住了。在台湾的大学里，同学们好像有点小家子气，大部分的人都把自己缩在狭小的圈子里。例如外文系成一小圈，中文系成一小圈……这现象很不好。各系间应有相当程度的来往,无论是娱乐性的或学术性的。譬如,各位自己可在各系找几个同学,每星期找一个晚上,聊聊天,谈谈各人所学,或者请一个教授来指导并参与讨论。当然,自己要准备一点东西和他交谈,不然只是摆龙门阵,有什么意义?又如,有些学校有些社团,如东海大学的东风、东海文学、北极星等,各位不妨以社团为基础,组织小型研究会,每年发表一点像样的东西。此外,在学校的环境中,各方面最好都去利用去享受,尽量对学校生活作广泛的认识。

但是,除了让自己开放,做多方面的接触与认识外,同学们最好还要有一自我磨炼的精神,就是每星期找几天把自己关在图书馆里,什么事都不管,好好下工夫钻研一些东西,纯粹出于一种求学求知的精神。例如发现一本书是有价值的,就应下决心将那本书从头到尾仔细地、有深度地通读一遍,把握它的主题,同时也照顾到它的整体,这才是真正求学问的态度。如果真有心得,甚至能发表一篇好论文,那么对将来在学术上的前途远比成绩单有价值。譬如当年和我同届的一位外文系同学,全系师生都公认他程度最好,但是他不重视分数,喜欢的课,下工夫去念,不喜欢的课仅随便应付过去,结果到四年级平均成绩很低,甚至没资格写毕业论文。但是现在他在美国念得很好,已拿到英国文学史的硕士,正攻博士中。至于当年许多佼佼者,现在已不知跑到哪个角落去了。因此,我奉劝各位同学,不要太现实,现实的结果仅能拿到一把开不开任何门的钥匙。最重要的是发现自己的理想,创造自己的理想,不必盲从现实潮流中的价值标准,不必畏缩,要拿出勇气拿出胆量来,迎接各种考验以建立真正的自己。只有这样,在学术界中才有光辉灿烂的成就。

(原载《东方杂志》复刊 2 期,1967 年 8 月)

以学术为市场的弊病

首先我必须指出,《东方杂志》复刊第 2 期所载《美国学术"市场"概况》一文,实是由周榆君执笔。内容确是我去年应东海大学政治学会之约,和该会同学们谈谈美国学术界的特色时所作的报道,是否会在该校《东风》杂志刊出不得而知。但我觉得有义务在此把稿源表白清楚,这样一方面不辜负《东方杂志》的雅意,另一方面也好对母校的朋友有所交代。不过我现在写此文的真正目的,是想把美国学术市场的弊病也提出来供给大家参考。

一

美国的学术界近二十年来确有惊人的进步,这不但是由于第二次世界大战期间欧洲第一流的学者大批流亡美国,也是因为美国学人自身有了新的发展。罗斯福的"新政"和肯尼迪的"新境界",代表教授们直接参与最高决策。"太空竞赛"象征政治魔术必须依赖自然科学。事实上,大至经济发展、都市计划、社会福利,小至交通疏散、娱乐方式,都要靠完整精确的研究才有改进的可能。于是象牙塔里自命清高的学者,逐渐地变成了"行动知识分子"(action intellectuals)。他们不但教书,作研究,并且参加各种政治、经济或社会活动,同时扮演着顾问、董事甚至主席的角色。

于是学术界不再是世外桃源,而是政治界的智囊团和工商界的研究室了。学术界变成了领导社会的原动力,同时也付出了很大的代价。固然,教授们获得了高薪和最佳的研究环境,学校增加了房产和地产,学生们也找到了不少半工半读的机会,但学术界的理想性,乃至最珍贵的独立性,却受到了严重的威胁。在自然科学方面,不但是理工学院本身,连一个系、一个计划,甚至一个研究题目,都受到外界需要的影响。学生乃至教授们的兴趣和前途,都不能由自己决定。他们好像同被投入一个大机器中整天忙到晚,但没有人知道究竟为了什么。他们的命运被操纵在遥远的"控制中心"——或是一项中央政府的决策,或是一纸法律条文,或是一些偶然的因素。社会科学也不例外,政治、社会、心理、经济等各种专家,表面上发掘问题、分析问题,甚至解决问题,好像是各科各业的灵魂。事实上,他们被问题纠缠得不能脱身,连自身起码的尊严都

龙鹰之旅：从哈佛回归东海的认同和感悟（1966—1970）

不能维持。譬如对越战，对黑人民权运动，对通货膨胀，乃至对电影明星当选州长等现实问题，他们都不知道该如何应付是好，结果往往滥用了神圣的"发言权"。然而，问题最迫切的还是人文学。它在学术市场中受到的打击最深，情况也最惨。下面我准备特别提出两项来讨论，姑且称之谓"创造性"及"涵泳性"。

二

学术市场因为竞争激烈，通常充满了蓬勃和紧张的气氛。这种气氛固然可以引发新噱头，但往往不能培养深厚的创造力。一翻开美国大学的课程表，我们立即发现其中花样繁多。单单旅馆业一项，就有洋洋大观的感觉。当然，旅馆业是一门"综合学问"。其他如观光事业、股票、电脑、舞蹈，真是应有尽有，所谓行行出状元。但是以文学、绘画、音乐以及哲学创作为终生职责的作家，在学府里却不易生存。自然，美国学术界有"不出版即灭亡"的口号，但"出版"一词带有特别的含义，即必须是有关学术的作品。不但报章杂志不能算，就是第一流的文学创作如小说、诗集，都不行，必须是学报型的论著。对自然、社会两科学而言，这不是苛刻的标准，但对哲学、文学和其他艺术来说，这常常是致命伤。因此，作家中很少部分能在学术界生存。艾略特（T. S. Eliot）不过代表极特殊的例外。现在有些著名的大学为了补救这种缺陷，采取了一项新的措施，即所谓"驻校艺术家"。他们由学校支薪，但不受学术界升迁的限制。但这些都是已经成名的作家，他们可以为学府带来一些新气象，但他们自己都不是学府的产物。

学府的产物多半是批评家、文献家或考据家。他们固然有值得称道的贡献，但只挑剔不生产，只搜集不整理，只铺陈不论断，结果著作等身而没有一两个知音；图书馆扩张了，年岁增加了，学术的境界并没有拓展。自然，我们尊敬只问耕耘不问收获甚至以毕生精力穷究一章一句的学者，但我们必须批判为了符合出版率专找无关痛痒的小问题而大发议论的倾向。哥伦比亚大学一位英文系教授公开承认，他的博士论文在图书馆已摆了 35 年，但却没有第二个人翻阅过。哈佛大学的元史专家有一次半开玩笑地表示，他的论文只有 3 个人看，除了他自己以外，就剩下学报的编辑和他的献赠的对象了。但是，这两位都是知名之士，他们在自己的专业中还具有举足轻重的地位，至于学术圈的边缘人物，那就更可悲了。

单以美国研究为例，"南北战争"一件史实就有成千成万的书籍和论著，如果一篇博士论文想写南北战争，不但前因后果无法下手，就是专攻其中某个特定的人物和地点也极其不易，因为想要通过既存的材料就不是三五年可以完成的事。至于美国的印第安人,本来可以发掘不少趣事,但在人类学家的眼里却变成了非常棘手的难题。因为要想找到没有被博士论文碰过的对象,就不是一年半载可以解决的。由于这个缘故,开拓新范围或寻找新题目变成了学术界的"当务之急"。可是这种需求不一定会带来创造力,有时反而会促成见风使舵的坏气氛。就中国留学生而言,太空法、图书馆学和中共研究都有过一窝蜂的现象。时过境迁,除了浪费精力和时间外,并没有任何学术上的意义。换一个角度来观察,美国学术界近来对中国文化和历史特别重视,一方面固然是国际政治的刺激,另一方面实在也是因为中国文化和历史,从现代学术的眼光来考察,根本是一片荒原,凡是钻入其中的,甚至尚未升堂的,都会有所得。我们自然因为外国学人肯下工夫来研究自己的文化和历史而感到欣慰,同时也应当对他们刻意求新的态度提高警惕。因为,真正伟大的学术传统当有独立的创造精神,不应随着外在的机缘而流转。真正伟大的历史文化,也应当有顶天立地的气魄,不因外来的毁誉而喜怒。

三

现在我们来看看涵泳性的问题。不论是中国书院的精神或者欧洲修道院的气氛,学术界似乎应当有一种静穆庄严和优游自得的传统。因此,学术界和五花八门的凡尘保持一段距离,既可陶冶性情,又是客观研究必备的条件。当然,和社会脱节是不应该的,但把社会当作一间大学校乃至让学府随着社会的风气而转变,不仅违背了学术的目的,同时也丧失了学术本身的"认同"。英国的牛津、剑桥,荷兰的莱顿及德国的弗赖堡,正是因为拥有许多足不出户的大师,才变成了世界第一流的名大学。如果这些大师们投入到美国的学术市场,也许大半都被解聘了。

事实上,成熟的思想和作品都需要积年累月的涵泳。凡是一蹴而就的,若不失之肤浅,最多不过是一时兴会。自然科学的大计划可以分工合作,社会科学的调查研究和人文学的资料整理也可以共同努力,但是真正的思想构建,不论在哪一科哪一门,都是靠孤独的灵魂锲而不舍地涵泳出来的。讨论会可以激发新观念,谈问题可以引发新看法,但都不能培养出深入的见解,但是学术界的新境界却又必须靠这些见解来开拓。所以,会议很多、讨论很激烈的学术界不一定很健康。正如一个口齿伶俐的人或许头脑相当清楚,但不必有深入的思想或见解。美国学术市场最大的问题之一,也许就在于无法培植出一些真正杰出的思想家。我常怀疑,为什么美国第一流大学的第一流教授中,许多都还操着浓厚的欧洲口音。也许是因为美国虽有礼聘第一流人物的气魄和财力,但还缺乏造就第一流学者的智慧吧!

来美国留学的中国知识青年将会发现,我们所珍惜的美德像谦虚、礼让和刚毅、木讷,都不适用了。在课堂上懂了而不逞能不会被人称道,反而会被视为傻子;在讨论中不出击甚至不发言,教授绝不会许以颜回之"愚"。美国的学术市场看起来是熙熙攘攘的,货物流通的速度很快,如不抢先一步,很容易空手而回。固然过分矜持害羞的留学生应当挺身而出,自我宣传一番,我仍以为适可而止总要比"全盘暴露"妥当些。美国学术界缺少涵泳的精神实在是一种缺憾。我们不但不应委曲求全地去适应,而且要立下决心去改变它。

四

除了缺乏"创造性"和"涵泳性"外,美国学术市场最大的弊病也许是要算人情淡薄了。当然,在某一个层次上人情必须淡薄,否则客观性无法维持,严格的标准也无法统一实施。在这方面,美国的学术界确有长处:竞争的方式非常公平,批判的精神也非常普遍,因而流动性大,进步快,淘汰率高。但是学术界究竟不是市场,"传道授业"究竟不同于商品买卖,即使"市场"一词在英文中含义不同,但总和学术精神大相径庭。然而市场的通用名词却变成了学术界的术语。其中最刺耳的莫过于 bargain(谈判,买卖或讨价还价)这个词了。大学聘教授不是礼尚往来,而是讨价还价的,双方满意然后成交。薪水亦然,同是讲师或教授,年资相等但收入却不尽相同,其中的差异有些是因为学术造诣也有些是靠买卖本领的,于是会谈判与不会谈判的常有显著差别。因此,凡是具有优厚条件的,或用他们的术语:"好的讨价地位"(good bargaining position)的,可以常常向学校施"压力"或"威胁"(都是术语)。譬如,宣称自己另有高就,以要求加薪或升等。

因此,第一流的大学一半以上的开销都花在教授薪金上,其中大部分又都集中在名教授身上。对于刚进学术界的年轻博士,则施以高压。哈佛有位经济学家加尔布雷思(Galbraith)曾说过,每个大学都有两种类型的教员。一种是拉着学校走的,因为学校靠他们而有名;另一种是被学校拖着走的,因为他们要靠学校来成名。这两种教员,一种是欺负学校的,另一种是被学校欺负的。凡是截腰二分总犯粗枝大叶的毛病,但这个说法确实刻画出一般的情形。教授和学校的关系既建立在名利上,无名可得,无利可图,自然就劳燕分飞了。美国各大学的起落如此迅速,这也是原因之一。

至于教授与学生的关系,那就更微妙了。教授只管传授知识,对学生的生活言行一概不闻不问。学生也仅视教授为知识的权威。如果教授作出鬼鬼祟祟的行为,学生们也不会引以为奇。因此,有许多名扬四海的大教授,简直望之不似人师。如果在台湾也许早因桃色案件或行为不检而身败名裂了。当然,把知识水准视为学术界的唯一标准也有特殊的意义——其庄严性不建设在道德行为而植根于学术造诣。否则,西哲中如笛卡尔、黑格尔之类,都变成"斗筲之人何足道也"了。但是,把师生关系仅仅立基于知识传授一端,而知识传授又变成了获取利禄的手段,人情就未免太淡薄了。

在这种气氛之下,师生相夹持的精神完全变了质。以自然科学为例,初入研究院的新生多半参加由教授们所组成的各种研究计划——许多是由中央政府或大工厂所资助的。运气好的,可以步步晋升,将来自己独当一面,但大多数的研究生都仅有为教授效劳的资格,有论文发表则由教授挂头牌。学生们如果榜上有名就是万幸,多半花了劳力而完全得不到任何客观的承认,终于变为大教授们脚下的无名英雄。有些八面玲珑的教授,整天去拉新的合同,申请补助,把研究的担子完全放下,结果,名义上是生化权威,实际上不过是社会关系专家。从另一个角度来观察,毫无疑问地,每一行里都应当有些大师,他们不必从事于某种特殊问题的探讨,而只需致力于本行发展的方向及途径,因此,他们可以平时袖手旁观,偶尔提出一些政策性的建议。这些大师当然都是真正有见解有思想的人物。但是有些专家们,其中包括中国现代问题专家及中国法律专家在内,自己对本行还没有摸到边,更不必说升堂入室了,却专门施以小惠,利用年轻的中国学人,号称学术研究,事实上不过是整理一些素材,以便于查考或者情报研判而已!

五

在工业高度发达的"大社会"里,灵光一闪似的"创造性"应当"常规化"(Routinized),藏诸名山似的"涵泳性"应当"加速化"(Accelerated),乡村似的人情味自然也必须有重大的转变。但是,并非因此而学术界就无法造就第一流的思想家,无法容忍长期奋斗的精神,无法接受人与人交往的基本感情。事实上,正因为学术界变成了举世瞩目的舞台,以往孤芳自赏的创造性,可以升华为有利于国计民生的研究;以往闭门造车的涵泳性,可以开拓为促进国家世界的发展;以往地域性的人情味,也可以扩大为对人类文化负责任的悲愿。这种思想在美国第一流的知识分子中已经播下了种子。无论是自然科学家、社会科学家或人文学家,没有一个人再敢或肯高唱知识分子独立于一切的口号了。奥本海默把原子武器当作科学家们的"罪孽"。在越战的风潮中,许多第一流的科学家都自动出来宣传自己的政治见解和社会思想,他们再也不愿意只是"为知识而知识",因而对于知识的后果不负责也不关心了。

龙鹰之旅:从哈佛回归东海的认同和感悟(1966—1970)

美国的学术界正夹在两股可以并行不悖也可以互相消灭的浪潮中:如何能够脱离故步自封的老传统而又不陷入完全铺平的新文明,如何能够保有自己的"认同"而又能"适应"大时代的要求。

六

以上,我特别指出美国学术市场的毛病,也好让看过《概况》一文的读者们有个比较均衡的看法。我知道,如果想对美国的学术界或者任何一个大问题真有所了解,不是道听途说似的报道可以达到的,但是我相信除了纯学术性的研究以外,留学生有义务(其实也是权利)把自己所见所闻忠实地报道出来,一方面可以发抒情怀,一方面或许也有小补于台湾的青年学子。

1967年8月寄于普林斯顿

(原载《东方杂志》复刊4期,1967年10月)

维也纳之行

——记第十四届国际哲学大会

一

这是第二次到维也纳。1966年的夏天我们曾在这欧洲的故都里浏览了一个星期,现在观光的心情淡了,印象却更深刻些,对这到处是鲜花绿草的名胜也愈加喜爱了。从美泉宫(Schonbrunn)的顶端环视这与布达佩斯(Budapest)及布拉格(Prague)齐名的东欧首府,才发现三面环着青山,东北牵着蓝河的维也纳竟有如此广阔的腹地。当然,这是以前拥有250万人民的大都会。奥匈帝国的余威通过许多高入云霄的大建筑像国家歌剧院(Staatsoper)、史帝汶教堂(Stephansdom vom Graben)以及国会大厦,在市容上还留下了显明的标志。今天的奥地利虽然是中立的小国,但它毕竟和

龙鹰之旅：从哈佛回归东海的认同和感悟（1966—1970）

永久中立的瑞士不同。无论是风俗习惯或文化政治，似乎都还留下了大帝国那种神圣不可侵犯的气氛，谁敢断定奥国的"大鸥"再也不会从灰烟里飞翔起来，震撼全球？

维也纳也有柔美的一面。如果丛林是她的外衣，花园是她的裙钗，喷泉是她的呼吸，那么莫扎特的琴声和施特劳斯的舞曲就是她的风姿和韵律了。确实，有谁忍心说她是普鲁士战犯的同路人？她欣赏美酒，喜好歌曲，热爱舞蹈，在她红润的面孔上我只能找到南欧、巴伐利亚（Bavaria）的浪漫情趣，看起来好像战火已和死去的英雄一般悄悄地躺在艺术宫的旁边再也不作声了。

然而维也纳并非世外桃源，它的脉搏不论是金融的、政治的或社会的，都随着国际局势的变迁而跃动。从这里到捷克的边境不过40分钟的汽车旅途，到布拉格也不过几小时的行程。当俄国及其附庸的坦克大炮逼进捷克时，维也纳引起了阵阵骚动。如果战争的怒火真的燃烧起来，维也纳也许仍要受到浩劫的创伤。第二次世界大战留下的疤痕已是够大够深的了，因此奥国的年轻人并没有沉醉在荣华富贵的享乐中作个自了汉，他们要求改革、要求进步的呼声，与柏林、巴黎和纽约的愤怒青年遥相呼应。这种呼声不但反映在散离的言谈之中，而且反映在有组织、有计划的"演说抗议"（teach-in）中。

二

抵达维也纳是 8 月 31 日的下午。从欧洲最美的花园机场驰进市区的时候，刚逢薄暮，天气相当凉爽。在马德里还像是仲夏，经过 3 小时的飞行，就好似投入初秋了，一阵清新之感不觉涌上心头。两年前从柏林飞来的时候是晚上 9 点钟，那时到处都开着淡黄色的灯，"维也纳"这个名字顿然变成了神秘的象征。我们好像一对无知的幼童，怀着好奇和饥渴的心情，想在短短的几天中把这座向往已久的大殿看个清楚。这次我只身前来，不想再东奔西跑，只希望利用短短的十数天多接触些西方哲人，增广自己的见识，开拓自己的心胸。维也纳变成了一大盛会的助缘。

9 月 2 日的上午 10 时，第十四届国际哲学大会正式在国家歌剧院揭幕了。奥国的元首乔纳思（Franz Jonas）博士亲临参加，主席由维也纳大学的哲学家盖伯律尔（Leo Gabriel）担任，第一篇演说由德国海德堡（Heidelberg）大学的教授伽达默尔（Hans Gadamer）提出，题目是《论理智的力量》，用德文宣读但附有英文的译稿。他建议哲学家应当是为理智服务的专家学者，哲学家的主要职责是拓展人类理智的境域，使人类对自己的环境、命运、前途都有一种反省的了解。但是，哲学家不能独占理智，不敢自居为理智的发言人,因为"我们不能由单一的途径而获得如此伟大的奥秘"。

当天下午,在维也纳大学的大厅就展开了一场论辩,题目是《马克思及现代哲学》。按照大会的规定,德文、英文、法文是官方语言,因此备有耳机可以同时聆听其他两种语言的翻译。这场论辩的性质由哲学转入政治,焦点集中在俄国代表奥斯曼(T. I. Oiserman)的论文。攻击他的人物不来自西方世界,而来自东欧共产集团要求民主独立的国家,如南斯拉夫、罗马尼亚和捷克。俄国最近武装占领捷克的事实,变成了攻击的真正对象。从俄国代表们的反应,也可以看出一些在国际学坛上交战的艺术和限制。俄国的代表大约分成两类,一类是莫斯科及其他大学的教授,一类是政府指派的特务。教授们都有委曲调停的本领,偶然还获得一些掌声。特务们就只能红着脸,狠着心,把早就准备好的稿子拿来宣读。喉咙都叫干了,但终于还是被嘘声和笑声哄下了台。

9月2日的晚上,由维也纳的哲学组织举办了一个盛大的酒会,席设维也纳大学的宴会厅。环厅而立的是维也纳大学数百年积累下来的半身雕像——都是杰出的教授与学者。和来自60多个国家的哲学代表相聚在这名闻全球的学府之中,饮酒谈天本来是极热闹的场合,但寂寞生疏之感却油然而生。奥国的葡萄酒确实不坏,几杯下肚之后,我这个好像是带了一把二胡来参加世界交响乐团大合奏的陌生人,也健谈起来了。我想印度音乐大师拉维·香卡(Ravi Shankar)的路数是对的,我们不能只是想去"适应",我们应当先重建自己的"认同",即使我们暂时没有真正的国际知音如梅纽因(Y. Menuhin)之于印度音乐,那只是机缘。我们能否诚实地欣赏自己,才是最吃紧的问题。能够幻想总是幸福的,在不觉中已是杯盘狼藉的时分了。

三

从9月3日到7日短短的5天中,一共举行了5场全体大会、8场中型集会和十几场分组讨论。全体大会都在早上举行,每次共三个半小时。先由著名哲人宣读论文,继之以专家讨论,最后由与会者自由发言。9月3日的专题是"精神、世界与历史"(Geist, Welt und Geschichte)。宣读论文的共有4位,分别来自西德、法国、意大利及英国。英国的代表波普(Karl Popper)所发表的论著题名为《有关客观心灵的理论》。4日的专题是"自由:责任及决定"(Freiheit: Verantwortung und Entscheidung)。在3位宣读论文的哲人中,法国的利科(Paul Ricoeur)最受崇敬,他冷静而有系统地把"决定"、"责任"及"自由"三观念的连锁性,以西方哲学的传统,尤其是黑格尔的理论为对象,阐述得非常清晰明朗。5日的专题是"语言:语义学及诠释学"(L. Sprache:Semantik und Hermeneutik)。用英文宣读的论文极少,主持的先生即是前面提到的海德堡教授伽达默尔。6 日的专题是"哲学及意识形态"(Philosophie und Ideologie)。美、俄、东德及奥国的学者都分别宣读论文。表面上是探讨哲学与观念形态的关系,实际上是美、俄两国哲人及德、奥两国哲人一方面想要坚持自己的立场,一方面又想表现客观精神的拉锯战。7 日的专题是"哲学及自然科学"(Philosophie und Naturwissenschaft)。英国牛津大学的艾耶尔(Alfred Jules Ayer)以《哲学及科学方法》为题,承认三十年前逻辑实证论的哲学立场确实太过狭隘,并宣称科学哲学的责任是讨论一般原则,如科学解析的特质,理论概念的合法性,科学模式的角色,理论与被观察的事实两层次间的分别以及科学假设必须满足的条件。

四

中型集会都在下午举行,共有 8 个题目,我听了 4 门。没机会听的包括"综合在整体思考中的意义——有关全盘结构的问题"、"电脑及技术科学的哲学"、"论时间"以及"义务逻辑及其对伦理与法律正义的重要性"。有关"义务逻辑"的讨论,我只听了芬兰著名逻辑家莱特(C. H. von Wright)定名为《义务逻辑以及规范的本体论》的论文,但是除了略知他想把道德哲学的"必然"也在这套逻辑系统中显示出来之外,真是一窍不通,所以等于白听。

我所参加的中型集会共有4组,"马克思与当代哲学"前面已经提到,不必详说。另外3组中,规模最大的是"人的本性及和平问题"(Die Natur des Menschen und das Problem des Friedens),由美国的森麦维勒及帕森思(H. Parsons,请勿与哈佛大学同姓的社会理论学家Talcott相混)所主持。印度的拔塔查雅(Bhattacharya)担任评讲。因为这场讨论是由"美国辩证唯物论哲学研究会"组织而成的,中心题目定为《马克思与基督教的对话》,想要通过哲学的交谈,找到一些共同或共通性。我虽不敢说这些努力都是白费,但距离真正的"对话"为期尚远。于是担任批评的印度代表也只好提出自己的"理想主义",把美、俄诸国代表所宣读的论文置之不理了。哲学,从理论上来观察,应该讨论最具普遍性的问题,但是在这场论辩中的哲学家(与逻辑家及科学哲学家大相异趣),根本没有共通的语言,好像圣经上的"巴比塔",突然失去了表达与交往的基本条件。如果用莎翁的名句来描写,即是"充满了音响与愤怒,没有任何意义"。

龙鹰之旅：从哈佛回归东海的认同和感悟（1966—1970）

五

另外两个中型集会确实也充满了音响与愤怒，但都有极深的意义。维特根斯坦（Wittgenstein）和布伦塔诺（Brentano），这两位现代哲学的开派大师都曾与维也纳有过深厚的关系。在他们发迹的文明故都讨论现代哲学史上与他们有关的两大公案，自然非常适当。3日下午的论题是"布伦塔诺，心理哲学以及现象学运动"，由美国布朗大学的教授契松（Chisholm）发表论文，西德的朗德格雷贝（Landgrebe）及捷克的帕托茨卡（Patocka）担任主席。契松的论文受到了许多批评。耶鲁大学的芬德莱（Findlay）教授认为，他把布伦塔诺的"描述心理学"看得过分简单；另一位费舍（K. R. Fischer）教授认为，他没把布伦塔诺的意思抓住；有位名叫田锐（Terrell）的先生，甚至说他把布伦塔诺的德文原稿中相当紧要的一段译错了。契松在美国是声望很高的哲学家，他的态度虽然极冷静，但是碰到这许多严厉的批评，也有些招架不住的难色。真正的学术论辩，有时是冷酷无情的，打倒权威也是后起之秀的责任。不过，有客观的学术水准为依据的针锋相对，和理不直而气壮的叫喊自然大不相同。

"维特根斯坦，维也纳集团及分析哲学"（Wittgenstein, der

"Wiener Kreis"und die analytische Philosophie）的讨论会是在4日下午举行的,由美国康奈尔大学的柏莱克（M. Black）、奥国的克拉夫特（V. Kraft）以及前面已经提到的芬兰逻辑家莱特共同担任主席。波兰的渥尼耶维克斯（B. Wolnievicz）提出《维特根斯坦及卡尔纳普》的论文；美国的凯特（D. Keyt）提出《维特根斯坦,维也纳集团及精确概念》的论文；英国的马可库勒思（B. McGuinness）提出《维特根斯坦及维也纳集团——1929至1931年》的论文。根据他们的讨论及礼赞,维特根斯坦不但是一个学派的祖师,而且是现代哲学的恩师,没有他的贡献,现代哲学或许还在盲目的摸索中呢。于是维特根斯坦这名字,在维也纳大学容量最大的礼堂（Auditorium Maximum）变成了神圣不可侵犯的权威。主席柏莱克也许想要打破这种气氛,俾便恢复哲学界的批判精神,特别把英国牛津的艾耶尔（A. J. Ayer,前面已提到）从观众中请上台来发表意见。艾耶尔原先属于"维也纳集团",而且是把这套思想介绍给英美学人的功臣,但是他的立场和维特根斯坦不很相同,更不愿意一般大众尊奉维特根斯坦为"维也纳集团"的发言人。他不但否认维特根斯坦对"维也纳集团"有不可抗拒的影响力,而且宣称有些"集团"中杰出的分子,根本不肯接受维特根斯坦的观念。哲学界中当然也有"吃醋"的心理因素,但在争取哲学立场或者重新评价历史人物的时候,客观精神还是不能舍弃的。因此,尽管艾耶尔的言辞之中带着浓厚的感情因素,他的立论仍是建筑在实例上,他的私见并没有披上权威的外衣,而是清清楚楚地和可以验证的事件分开来陈述的。这种学术的真诚,值得我们钦佩和效法。

六

如果全体大会是哲学权威散发影响力的场合,中型集会是哲学前辈争取发言权的场合,那么分组讨论才是哲学同好交换意见的最佳良机。分组讨论一共包括13个范围:一、逻辑;二、知识与科学的理论;三、语言哲学;四、本体论与形而上学;五、伦理与价值哲学;六、美学与艺术哲学;七、自然哲学;八、文化哲学;九、历史哲学;十、哲学的人类学;十一、法律哲学、社会哲学及政治哲学;十二、宗教哲学以及十三、哲学史的研究。在这13组中,我参加了"宗教哲学"及"哲学史的研究"两组。前者只是旁听,后者则宣读了一篇有关儒家哲学的论文。"哲学史的研究"是分组讨论中范围最大的一组,因此又再分为12个项目,包括前苏格拉底、柏拉图、亚里士多德、奥古斯丁、阿奎那、康德、莱布尼茨、罗士米尼、黑格尔、费尔巴哈、亚洲哲学、其他等项目。"亚洲哲学"由日本哲人藤田主持,台湾旅美学人张钟元先生和旅德学人萧师毅先生也都分别宣读了有关禅宗及阴阳问题的论文。"宗教哲学"组的人数不多,但芝加哥大学教授克芮则(R. J. Kreyche)提出的论文却非常精彩。看起来,这门在哲学界还相当年轻的学问,不久就会变成一大王国。因为随着比较宗教学的浪潮,许多哲学上的大问题如体验与思辨的关系,理论与实践的关系,都有重新估价、重新讨论和重新解析的必要。

从分组的类别来观察,哲学界所论及的范围已不是任何一派甚至一个文化区域可以包罗的了。哲学家的兴趣已经伸展到数学、电脑、经济、政治、社会、艺术、宗教各种不同领域之中。哲学不可能只扮演"科学之后"的角色,更不可能只限在"语言分析"的范围里。哲学的重心是否已从欧洲大陆转移到英美还是一个悬案。我觉得欧洲的学者多半精通英、德、法三国语文,一般的美国学者就只略读德、法两种文字,因此在知己知彼的战略上,欧洲的学者似乎仍占上峰。"亚洲哲学"也许是第一次列入讨论。大体而言,美国学者对这方面的兴趣比较大,是否了解比较深刻那就很难说了。从亚洲前来的哲学家,以日本和印度占绝对优势。日本哲人以专攻佛教的最出风头,印度哲人则多数是研习婆罗门教的专家。但是,亚洲人士参加现代哲学部门的例子也屡见不鲜,台湾旅美学人成中英先生就参加了"知识及科学的理论"一组,宣读了一篇有关"科学理论"的论文。

龙鹰之旅:从哈佛回归东海的认同和感悟(1966—1970)

七

第十四届国际哲学大会虽然在9月9日正式地结束了,各地前来的代表也都纷纷离去,但是从9日到14日由维也纳大学会同奥国哲学界举办了一连串极富教育意义的演讲。我特别多留了3天,听到了哈佛大学蒯因(Quine)教授有关知识论的新见解,也欣赏了西德的布洛赫(Ernst Bloch)和法国的马塞尔(Gabriel Marcel)两位大哲人的神采。我原以为自己对哲学家的浪漫崇拜早已随着童年而消失得无影无踪了。但是,当这两位年届古稀的人物披着满头银发,带着微笑,曳着缓慢的步子,在热烈的掌声和期待的注视中登上讲坛的时候,我突然感到刚刚在眼前呈现的不只是哲人,而是哲学的化身,我们的喝采也不只是一时的礼赞,而是历史的见证。当然,在生前享受荣华的幸运者,常在短短的数年间就被遗忘了,而在寂寞中死去的悲剧英雄像王夫之、章学诚或克尔凯郭尔(Kierkegaard)反而能够流芳百世。也许我当时的感觉只是一时的兴奋,但是完全由衷的喜悦和欢呼总是难能可贵的。我参加过不少热闹的场面,但是不管旁人多么疯狂,我常是冷静的旁观者。这次算是例外,即使我是木石,至少我曾被大哲人的"精诚"所感动。我深深地觉得,像布洛赫和马塞尔这种哲学的化身,确是五四以来台湾最需要，可惜也最缺乏的"现象"了。

9月12日上午11时半，我乘泛美航空公司的客机从维也纳经过比利时直飞纽约，只不过十多个小时的旅行，就在美国东部时间下午5时许抵达肯尼迪国际机场了。20世纪的技术发展早就超越了空间的限制，但是人的心灵还是必须在各种不同的社会和文化的关联中一点一滴地呈现自己，完成自己。心灵的路程是没有捷径的。

1968 年 9 月

（原载《大学杂志》11 期，1968 年 11 月）

漫谈儒家的品题人物

就儒家的传统而言,崇拜英雄的热情常被景仰圣贤人格的心理所涵盖,于是,大多数的中国人,一方面羡慕天才型的人物,另一方面也以卖弄天才为戒。因为"少年得志"固然是美事,而"锋芒毕露"却不很好,至于"聪明反被聪明误"更是不可原谅的罪过。所以在品题人物上,温和含蕴如碧玉的境界要比像钻石般光彩夺目的天才类型要高超得多。"少年老成"在今天也许不能算称誉,可是"轻浮"、"幼稚"却是相当严重的斥责。在学校里,我们提拔埋头苦干的学生,以好学深思鼓励后进,而尽量打击好高骛远,自以为可以蹿腾、跃进的聪明人;我们尊重道貌岸然的长者,敬佩诲人不倦的老教授,但是不一定看得起恃才傲物、目空一切的年轻学人。

在政坛上,老成持重、深谋远虑的领袖才是大家信赖的人物。理想的政治家,不必尽量表现个人的才干。在担任日理万机的重任上,"知人善任"似乎比其他美德都来得重要。在许多史家的眼里——他们不一定都是道家的信徒,像文帝那样清静无为的格调,就比号称雄才大略的武帝要高些。至于像秦始皇,天下之事无论大小都要躬亲处理,弄到"以衡石量书,日夜有呈,不中呈,不得休息"(《史记·始皇本纪》),反而遭到耻笑和批评。

在军事上,当然是老谋深算、能够舞文弄墨的儒将比孔武有力、一身是胆的猛将更受人礼遇。所以,运筹帷幄、决胜千里之外的子房,究竟比身经百战的将领要高明。

在工商界,良贾深藏若虚的道家观念,同样也是儒家作为价值判断的准则。一个铺张扬厉的商人或许真有消耗不尽的财富,但在一般人的眼里,无谓的挥霍不过是暴发户的表现。一般人相信,在工商界真有成就的人物应该能够守得住财富,能够驾驭资本,能够看起来好像并没有什么钱的样子。就连描写女性的仪态,大多数的人也是把风姿绰约摆在罗绮珠翠之上。娇羞答答,现在看来不一定比得上落落大方,但是总比搔首弄姿要好多了。

这样看来,很多观念似乎都是自相矛盾的。譬如,聪明的人处处表现自己的聪明,就不算真的聪明;有锋芒的人要涵养锋芒,才算真有锋芒;有学问的人要能大智若愚,人家才会佩服他真有学问。教授本来是以传授知识为义务,但却要虚怀若谷,才算有大学者的气度;军人以勇敢为天职,但必须修养性情,才不会被人讥笑为武夫;商人以赚钱为目的,但是赚了钱以后却不能沾沾自喜,否

龙鹰之旅：从哈佛回归东海的认同和感悟（1966—1970）

则一定受到人家的苛责。

其实，这种不崇拜英雄，不特别表彰天才，不过分宣扬聪明能干的心理，正是儒家即以道德修养为中心的文化系统所具有的特色。从道德修养方面来评论人物，当然以孔子"七十而从心所欲不逾矩"的境界为最高。从学理上说，道德实践本来是无限的过程，不应该悬空，即抽象地说哪一种境界最高。可是根据儒家的共同信念，在中国文化的传承里，自生民以来，孔子的人格修养实在最为圆熟，也最近乎理想。这个信念虽然也曾被神化过——像汉儒把孔子奉为教主一般的神圣，但多半是大儒们（如孟子、朱熹、王阳明等）身体力行，从工夫上体认、印证所得到的结论，并不单是从理智上的思辨所推想到的，当然更不是盲目的崇拜。所以，我们有理由相信，品题人物的最高标准应该是"从心所欲不逾矩"的境界。

这个境界，从理智上或学理上来了解（与在道德实践的本身已契及此种境界不同，其分别恐怕就在知及之而仁不一定能守之）是义精仁熟的艺术境界，即是不必要下工夫、用力量，而行为表现的一举一动都能恰到好处。当然，凡是恰到好处的都是温和文雅的，能使"老者安之，朋友信之，少者怀之"的。可是，这种不过分也没有不及的圆融境界，用孟子的词汇来描述，是要经过集义、养气、知言等长期的修养后才能达到的，这和肤浅的自然主义所提出的尽量发泄自己的情欲冲动，真有天地之别。从这个角度

漫谈儒家的品题人物

来判断人品的高下,当然是有才而不露才比恃才傲物好,老成持重比天才纵横好,深藏若虚比铺张扬厉好。

所以,在儒家的传统里品题人物,最紧要的是道德实践,也就是"做人"。至于从事何种职业,具有何种天生的才质,都只是次要的。做教授、做军人或做商人,其间并没有绝对的高低。但是,一个好军人、好商人或好教授,在能打胜仗、赚大钱、写第一流的学术作品之外,甚至之前,必须先是一个堂堂正正的人,否则,军人只是武夫,商人只是小贾,教授只不过是教书匠而已。

从20世纪的今天看来,职业的分工已经到了如此精密的地步,要做一个既是学者又是政治家又是工商界的领袖,固然不必谈,就是想做个无所不包的学人,也不可能。我们只听说有物理学家、化学家、生物学家,而没有不受形容词限制的科学家;只听说有某朝某代的历史学家、某国某区的考古人类学家,而没有涉猎一切的文化学家。这种高度专业化的趋向,使人攻击"君子不器"的观念,并且怀疑到儒家典型的人物是否已成了历史上的陈迹。这个,不但是不了解儒家品题人物的真实意义,而且也忽视了时代潮流的最新趋向。

关于儒家品题人物的真实意义,试举一例来说明。王守仁的门人陆澄问他(见《传习录上》),为什么在孔门言志的时候(见《论语·先进篇》,子路、曾晳、冉有、公西华侍坐章),孔子对于子

龙鹰之旅：从哈佛回归东海的认同和感悟（1966—1970）

路和冉有想要从事政治和公西华想要献身礼乐教化这些"实用"的志向，不表示赞同，而对曾皙"暮春者，春服既成，冠者五六人，童子六七人，浴乎沂，风乎舞雩，咏而归"这种"似非必要的事"喟然叹息地说："吾与点（曾皙）也。"王阳明回答说，三子（曾皙除外）是有"意必"，而曾皙却没有，因而他可以"素其位而行，不愿乎外，素夷狄，行乎夷狄，素患难，行乎患难，无入而不自得矣"。至于三子"所谓汝器也"，曾皙"便有不器意"。从王阳明这段话，我们可以知道"不器"是道德上的一种境界，和从事某种职业根本没有直接的关系。

如果把"君子不器"这句话，用现代的观念来解析，它的意义可以说是：君子的人格不应当受一定的用途或一定的形态来限制。这并不表示想做君子就不能做专家，前者是道德上的事情，而后者是职业上的问题，它们之间不但没有什么冲突，而且是可以相得益彰的。于是，一个研究原子能的物理学家，可以同时是儒家观念下第一流的君子人物，而一个熟诵四书五经的学究，在儒家的眼光里，或许只是个腐儒，根本不配叫做"君子"。

甚至我们可以进一步地说，只有对历史文化有抱负、对人文精神价值有体验的，即是具有君子人格的物理学家，才有资格做时代的发言人，像爱因斯坦。否则，也像白首诵一经的腐儒。一个科学从业员的终身事业，只不过是构建一架原子炉的几枚螺丝钉罢了！

再进一步地说,即使一生只研究一些章句上的小问题(如国外许多知名的汉学家),或者一生的事业只是大建筑物里的一块小砖头(如先进国家的技术人才),原来也并没有什么可悲的。因为解决一些小问题,对学术界就有新的贡献;庞大的工程,也只有靠一块块的砖头才能建造起来。紧要的是,一个人除了做专家之外,更须在道德生命中站得起来。

就中国人品题人物的标准而言,一个人如果在做专家方面失败了,他还可能得到别人的原谅和同情,因为做专家的条件,常常为外在的环境以及自己的才智所限制。但是,一个人如果在道德上的"做人"方面失败了,那么得到同情和谅解的机会就很少。自然,根据现代心理学和人类学的研究,每个人的一举一动,都要受到外力的牵制,有时根本不能由自己做主。但是无论如何,比较而言,一个人虽不能勉强自己做个第一流的数学家、文学家、哲学家或运动家,他在某个程度上,至少可以勉强自己做一个诚实无欺的好人。

所以,儒家的品题人物,不单单从聪明才智,也不只从事业成就处论上下,而特别从人格修养的境界上定高低。因为从这方面下判断才真是最合理,最合情的。

1965 年元月 10 日于康桥

(原载《征信周刊》,1965 年 2 月 6 日)

从中国思想研究看台湾
——向台湾大专教育进一言

数年来,台湾教育当局倾力发展自然科学,是否能够获得预期的效果姑且不论,这种努力的方向和热忱却是可喜可贺的。但是,如果因为过分重视自然科学而令社会科学及人文学自生自灭,甚至对中国文化,尤其是哲学思想都漠不关心,那么不但得不偿失,而且会把台湾学术界最能把握和最应把握的一环轻轻放过。结果,不但播的新种不能发芽,就是该收成的也被连根拔起了。

一、明显的事实

譬如,每年从建国中学毕业的20多班学生中,大概只有三四班是报考文法科的。他们不选择理工科,多半是知难而退,只有极少数才是主动的决定。这些学生中,以中文、哲学或历史为第一志愿的不超出1/5，而真能考取大学，留在上述三系中修完学位的更是寥寥无几。其他男中的情形大体相似，女中也不例外。因此，台湾各大学文学院的核心组织——文、史、哲三系——每届能够培养出三五位尚可造就之才就算大幸。何况文学院中具备三系的大学并不很多。但是，有关中国文化的研究在哲学系仅是陪衬，在历史系不过稍占上风，只有在中文系才是主流，而中文系一蹶不振的情形，在三系中却又特别严重。再加上中文系不以思想（或义理）为主，而宗考据与辞章，因此，最能代表中国文化精神的中国思想，在大学教育中反而最受忽视。

让我们举几个实例："中央"研究院有历史语言研究所（史语所），但没有哲学研究所。固然，研究中国思想可以附属在史语所之中，但实际上全所中对中国思想有兴趣的学人也只有三五位。台湾大学哲学系从去年开始，为了物色一位够水准的先生来担负中国哲学史的课程，不知用尽了多少心血，到现在还在多方进行中。全省任何一所院校的历史系，自光复以来就没听说有开过中国思想史课程的，现在虽有了转机，但又多半找不到适当的人选。中文虽有不少专书的课程，如老、庄、荀、孟之类，但大多数是讲解文章而不是探索思想。东海大学的中文系曾有一度以哲学思想为重心，现在已是往事了。

龙鹰之旅:从哈佛回归东海的认同和感悟(1966—1970)

二、海外的刺激

　　由于这个缘故,哥伦比亚大学专攻晚明思想的东方学系主任狄百瑞(William T. de Bary)教授在今年1月访问台湾的时候,竟找不到一两位可以谈谈本行的中国学者;有数的明史专家,又都不以哲学思想为对象。他的学生丁博(R. Dimberg)以何心隐为博士论文的题目,来台湾已摸索了一年多,除了语文训练外,恐怕又要失望而归了。罗马大学的费那索(Finazo)教授,坚信台湾是研究中国哲学的乐园,因此越洋而来。幸好他的目的不在访问专家学者,而只在欣赏一下中国人的生活情调。京都大学人文科学研究所所长平冈武夫先生去年访问台湾的时候,对"中央"图书馆的善本藏书称道备至,但对汉学研究的风气深表惋惜。他也许不便直说京都大学对中国文化许多方面的研究都远超过台湾的最高学府(事实上,已有好几位中国留日学生在京都大学专攻中国历史或哲学),他只幽默地表示,中国有"易子而教"的古训,因此,日本能够参加教育研究中国文化的中国学者是件极为荣幸的事。根据周法高先生的报道,哈佛大学燕京社中国历史讲座杨联陞教授曾经语重心长地表示,如果现在把汉学分为一百门,每门选一位最杰出的专家,日本学人也许要占半数以上。虽然杨教授后来正式反悔说了这句不中听的话,但就世界汉学发展的态势来看,我们也觉得大体是不会错的。事实上,我们不应该担忧这种说法是否对日本学人估价太高,而应虚心自问:台湾在那不及半数的名额里究竟能占几席?乃至我们是否能够凌驾香港、欧洲或者美国之上?

先看美国,单以主讲中国思想史的名教授为例,就令人有洋洋大观的感觉。除了陈荣捷、萧公权、施友忠和梅贻宝几位著作等身的中国学者以外,美国学者中像哈佛的 B. Schwartz,耶鲁的 A. Wright,普林斯顿的 F. Mote,宾州的 D. Bodde,加州的 J. Levenson,斯坦福的 D. Nivison 和前面已经提到过的 de Bary 等各大学的名教授,对中国思想史都下过十年以上的工夫,也都有专题论著流传于世界各处。譬如 Schwartz 的严复研究,Mote 的高启研究和 Nivison 的章学诚研究三书,就大量地利用了原始材料,同时也广泛地参考了现代中、日学者们的作品。在欧洲,像荷兰莱顿大学的 Zürcher 和 Huselwe,英国伦敦大学的刘殿爵和 A. C. Graham,德国弗赖堡大学的萧师毅及汉堡大学的 W. Franke,或对先秦诸子(刘),或对老庄(萧),或对两汉(Huselwe),或对佛教(Zürcher),或对宋代理学(Graham),或对明朝思想(Franke),都有很深的造诣。就是在以商业著称的香港,研究中国文化的风气也很蓬勃。单看中国历史方面,香港中文大学的教授阵容就非常杰出,像牟润孙先生的史学史,全汉升先生的经济史,严耕望先生的制度史和李定一先生的现代史,都可以说是今天中国史学界的最佳人选。至于中国哲学方面,以儒家精神为主的牟宗三及唐君毅两位先生,分别主持着香港大学及中文大学的中国哲学研究。牟先生最近所完成的《心体与性体——宋明儒学之分析》,长达百万余言,将分三册在正中书局出版;唐先生虽以眼疾在京都治病,最近所完成的巨著——《中国哲学原论》下册也正在印行中。另外,史学大师钱宾四先生,名义上虽已退休,然而正在沙田公馆孜孜不倦地从事《朱子学案》的整理工作。再加上徐复观先生利用休假在新亚书院讲授中国古代哲学,并积极地研究汉代思想;劳思光先生也利用在崇基书院讲授中国哲学的机缘,撰写有关中国古代哲学的论文。南海这饱受殖民教育的一隅,实际上变成了当代研究中国哲学思想的重镇。

三、国际的警钟

我们不妨扩大眼界,看看其他国家研究自己的文化,尤其是哲学思想的情形。事实上,在国际学术界,每一个先进的国家都以各种方式吸引外国学人前来研究自己的文化。美国新闻处的宣传,不过是千百种方式之一。这些先进国家,对于研究自己文化的本国学者,更是尽量给予方便和协助。因此,美国学府中以研究美国思想的学者最神气活现,英国学府以研究经验主义的学者最趾高气扬,日本学坛上也以研究日本"国学"的学者最受礼遇。不但如此,就是领导世界思想界的领袖也多半是深入自己文化的一流学者。譬如,保罗·蒂利希是基督教的大神学家,他的立场并不代表某个教派,但他用力最深的仍是德国的路德教义;帕森斯是当代最杰出的理论社会学家之一,但他研究得最精辟的还是美国社会;艾森斯塔特是以比较古代帝国的政治制度而成名,但他最大的关切与最深入的了解仍是以色列的现代化;汤因比以研究世界史而名震全球,但他实在是对基督教文化了解最深,对大英帝国用心最多;即使去年逝世的禅宗大师——铃木大拙,也是对日本的禅宗最有研究。其他如萨特(Sartre)之于法国,海德格尔(Heidegger)之于德国,罗素(Russell)之于英国,真是不胜枚举。因而学术界流行着一句俗话:"愈深入自己文化的学者,愈能了解他人的文化。"

自然,世界上第一流的学者都能跳出他们自己的"文化束缚",站在更高的层次谈论问题。但他们是通过了解自己文化的优良传统才达到这种境界的。其实,只有对自己的文化有过反省和批评的了解,才能跳出它的限制。凡是任意抹杀自己文化的,反而会在不自觉中受到无谓的毒害。因为不经由正常的接触,好的文化传统无法内化,坏的社会风气又摆脱不掉,结果真正地变成了

"文化包袱"的牺牲者。这类的病例,在社会心理学中,已是普通常识了!事实上,传统文化并不一定是现代化的绊脚石,有时却是现代化的唯一凭借。如以色列,它一方面用民族意识和宗教情感来吸引欧美各地的犹太人,要他们带着知识、技能和金钱回到"祖国"来服务;另一方面,又用现代化成功的实例来提高民族意识,加强宗教情感。由于这两股浪潮的交互影响,以色列人民对他们自己的文化传统特别尊重,海外的犹太人也对"祖国"的文化特别向往,于是以色列同时保存了犹太文化的优良传统,又吸收了欧美最新的现代知识——这项事实可在去年度的诺贝尔文学奖由以色列的大文豪阿克侬与另一位犹太作家分享,以及今年度的国际物理学会在耶路撒冷召开两个例子中找到证明。

因此,我们真能吸引海外学人归台湾的法宝,绝不只限于金钱。在美国有名的教授,月入多半超出 2000 美元,我们即使供给他们一个月三五万台币的高薪,他们仍觉损失惨重。即使香港的名教授月入也高达七八千港币,就是讲师也在 3000 至 5000 港币之间,要比台湾教授的薪水高出 5 倍以上。我们的生活所需虽低,但诱之以利总嫌力不从心。但是,有不少羁留在美国的华裔教授,很想把自己的子弟送到台湾来接受中国语文的熏陶,也有不少第一流的国际学者为了参观台北故宫博物院而特别在行程中加上台湾这一站。凡是这些都警告我们:对自己的文化传统给予正确的了解和批判，不但是培养第一流知识分子的必要因素，更是建立最高学术庄严的先决条件，而且也是吸收海外各种人才回台湾服务的重要途径。

1967年9月于香港

（原载《人生》32卷5期）

有关儒学研究的几重障碍

在世界文化的大流中,受到曲解最多、误会最深的,也许要推中国的儒家了。从儒家是否哲学、是否可以称为宗教等范围很大的问题,到"克己复礼为仁"的"克"字究竟作何解释,孟子"知言养气"章的"气"一观念应当如何理解等目标非常确定的问题,都曾引起讨论和争论。这固然表示儒学本身确有不少混淆的名词和概念必须予以澄清,同时也指出,儒学研究从现代学术的立场来观察,实在是一片尚未开发的处女地。本文并非企图解决任何业已形成的问题,而是想指出研究儒学所面临的几重障碍,借以提请大雅君子正视儒学研究在国际学坛上应有的地位和应采用的途径。以下暂且分为语言文字、社会科学、现实政治及价值观念四个项目来讨论。

一、语言文字的障碍

在人文学的范围内,任何研究都依赖语言文字为工具。希腊文之于希腊文化,希伯来文之于犹太文化,梵文之于佛教文化,不过是最普通的三个例子。因此,句读中国古典便成为汉学研究的先决条件。然而,哲学思想虽与语文有极密切的关系,但只从语文下手,不仅无法窥得哲学思想的堂奥,甚至会引起许多不必要的曲解。

一个简单的文字符号,常常用来表示复杂的哲学观念。研究其字形和本义,固然可以了解该文字符号本身的根源和发展,有时也可反映某些社会风俗和思想模式。但从字形和本义下手,多半无法引申出哲学思想的全豹。这本来是普通常识,但由于中国文字的特殊性和神秘性,许多学者往往陷溺其中不能自拔,结果逐渐地把哲学思想层的问题划归为语言文字的问题了。

譬如"仁"字是儒家的经典要义,是《论语》一书中最重要的概念之一。西汉董仲舒称"仁之为言人也"。许慎《说文解字》云"仁亲也,从人二"。郑康成《礼记·中庸注》"仁读如相人耦之人",阮元谓"人耦者,犹言尔我亲爱之词也"。于是,解经家多半从"人与人的关系"处来解释"仁"的含义。有些现代学者甚至坚信,只有从人伦关系处来观察,才可以显豁"仁"的意思。这是企图从文字构形来决定哲学意义的例证之一。自然,"仁"的哲学意义确实含有人伦关系的一面,但只从这一面去了解,对于"仁远乎哉,我欲仁,斯仁至矣","博学而笃志,切问而近思,仁在其中矣",乃至"克己复礼为仁"等等意义,便都无法有确切的领会。

屈万里先生曾对仁字的含义作过"史的观察",证明其流行甚晚。徐复观先生则根据《论语》中释仁诸条,断定仁的哲学意义乃由孔子所创发。孔子所称之"仁",虽有因袭原始含义的痕迹,但"仁"的确解必须从《论语》中所触及的各个角度去把握;否则,最多只能根据"仁"的字形和本义来臆断儒家经典中论仁的片面意义,而不能看清"仁"一概念在儒家学说中的真正地位(以上参考徐复观著《释〈论语〉的仁》,见《学术与政治之间》乙集第44页至62页)。牟宗三先生曾以"创造性自己"一观念来规定"仁"的形而上意义。从语言文字的立场来分析,当然无法承认这种见解。也许正因如此,近年来研究儒家多半还停顿在训诂名词的阶段。所以,纯熟地运用语言文字固然是研究儒家的必要条件,过分地依赖语言文字的原始意义,却变成了多余的限制。

二、社会科学的障碍

用社会科学的方法来研究儒家,是学术现代化的最佳途径之一,但并非毫无弊病。马克斯·韦伯(Max Weber)在《中国宗教》一书中,对于儒、道两家的价值取向、社会背景、政治理想和经济因素的研究,都有划时代的贡献,但最后却把儒家解释为向现实低头的一种功利主义。这样不仅把宋明大儒的内圣之学完全忽视了,还把儒家和专制政体从秦汉以来的长期斗争也抹杀了(此点后面还要提到)。

亚瑟·威理(Arthur Waley)因受过人类学的熏陶,对中国的古典文献有不少极为新鲜的解析。他文笔流畅,辞情并茂,在翻译工作上更有空前的贡献,但他却不自觉地把原始社会的模式来比附先秦儒家,犯了许多不可原谅的错误。譬如他无法相信孟子"养气"和"夜气"等观念,是在印度瑜伽术传入中国之先就出现了,于是硬把道德修养的反省工夫解释成道教的长生久视之术。他甚至不顾百家注释,坚持把"克己复礼"的"克"字解为"able to"(能)而非"conquer"(胜),于是"仁"变成了"强迫自己使能适应外在的礼俗"。他举《左传》为例,而竟不知《春秋》首章即有"郑伯克段于鄢"一句。"克"字在此绝不作"能"解而是作"胜"解。其他对于儒家,尤其是对孟子的曲解,更是无奇不有。(参考 Arthur Waley, *The Analects of Confucius*, George Allen & Unwin, Ltd. 1938,特别是第74页及162页)。

日本一位经济学家在介绍马克斯·韦伯研究中国宗教的著作

龙鹰之旅：从哈佛回归东海的认同和感悟（1966—1970）

中，竟把孔子"七十而从心所欲，不逾矩"一段解释为甘心情愿地去服从社会的规约。好像孔子经过几十年的努力，把社会规约的"超自我"（super-ego）完全内化了（internalized），最后终于达到了炉火纯青的地步，使自己变成了现实礼俗的羔羊。孔子从"十有五而志于学"，经过"三十而立，四十而不惑，五十而知天命，六十而耳顺"等人生奋斗的阶段最后才达到的精神境界，竟被解释为随俗浮沉的乡愿。这样，不但孔子内心策励向上的过程完全被忽视，儒家哲学的中心问题——"修身"，也就完全被曲解了。

最近美国的名政治家白鲁恂（Lucian Pye），根据心理学，尤其是后期弗洛伊德的人格心理学的方法来分析中国政治思想的"精神"。结果认为，中国历史上的成就以政府组织及社会安定为主，而在精神方面（spirituality）毫无成就。并且特别强调"仇恨"一心理状态在现代中国政治思想中的地位。白鲁恂虽然是麻省理工学院的教授，对艾里克森（Erik H. Erikson）的"自我心理学"（Ego-psychology）有过"深入"的研究，又曾对东南亚各国尤其是缅甸的现代化问题提出独到的见解，但从他已发表的论调来观察，他即将出版有关中国政治哲学的新书，或许仍无法脱离向壁虚构的主观陈见。

凡此种种，都指向一个事实：社会科学的方法可以加强分析的能力，拓展观察的视野，但是如果运用不当，常会铸成大错。人格心理学本来可以帮助我们深入儒家内圣工夫的堂奥,经济学可以指出儒家经世致用的局限,人类学可以分析儒家伦理制度的内涵,社会学可以研究儒家价值取向的形态,应该都能开辟儒学研究的新天地。可是如果不能先理清由于滥用新方法所造成的混淆,前途仍不很乐观。

三、现实政治的障碍

近20年来,国际学坛,尤其是美国,普遍重视对中国的研究。一方面固然是因为欧美学者自动要求扩展视野,俾使跳出"欧美中心"的文化约束;另一方面,实在是因为中共政权业已构成欧美诸国称霸世界的威胁,为了认清中共就必须研究中国文化。从前者的立场着手,虽然可以接触儒家的本质意义——即以同情的了解,采用儒者的角度,由内部来分析儒家。Wilfred Cantwell Smith 在《宗教的意义及归趋》(*The Meaning and End of Religion*, New York: Mentor Book, 1964)一书中所指的方式即是此类。但从后者的立场出发,就不免由现实政治的种种形迹来臆测儒家了。

欧美许多中国现代史专家,本来的目的是想从研究传统儒家的价值系统来了解现代中国的思想形态,这比只从政治结构或生产方式来论断已高明不少,但是因为急于求成,没有经过循序渐进

龙鹰之旅：从哈佛回归东海的认同和感悟（1966—1970）

的步骤，不但现代中国的思想形态无法把握，连传统儒家也被误解了。于是想藉研究传统儒家来了解现代中国的初衷，竟引发出因为不了解现代中国而歪曲了传统儒家的结果。事实上，从研究儒家的圣王、修身、内省、乡约和社学等观念，是否可以帮助我们了解中国大陆的王圣、红专、坦白等现象已是一大问题。反过来，从王圣红专等现象来推测儒家学说本来的意义，那就未免太荒谬了。当然，现代中国政治、经济、社会各方面的弊病，儒家文化不能完全不负责任，但把一切弊病都盲目地归罪于儒家，是经不起分析的。因此，把儒家抽离中国现代化的过程以保有其纯真的思想面貌，固然不能令人信服，把中国大陆的现实视为儒家传统的延长，更是毫无根据。

在欧美汉学界流行着"儒教国家"（Confucian State）一名词，这正显示儒学研究的原始性。儒教是文化层的观念，国家在此处是政治层的观念。儒家因有外王的一面，本来比基督教、佛教或道教富有现实性及政治性，但不能由此而推论中国的专制政体与儒家在理论上确有不可分割的关系。在中国历史上，儒家被专制政治所利用的例子比比皆是，汉武帝罢黜百家尊儒术不过是这股潮流的开端，清代建国诸君不遗余力地利用儒家来巩固政权，也不过是这股潮流中较大的波澜。我们如果把汉代政权称为儒家已属牵强，把清代政权称为儒家更是荒唐。事实上，假使我们不能分辨叔孙通和董仲舒的差异,又不能看出儒家"道统"和专制"政统"之间的冲突,那么许多错综复杂的因素和问题都将不经过思考,笼统地、生吞活剥地便划归到"儒教中国"这个单纯的概念中去了。

研究中国现代史的欧美学者们,如果还不能脱离新闻采访或观光旅行的研究方式,仍不能跳出外交政策或社会舆论的现实目标,即使有成百成千的"机构",成群结队的"专家",乃至取之不尽、用之不竭的"基金",从学术立场来考查,他们对中国文化,仍将处在隔靴搔痒,对儒家毫无所知的迷雾里。

四、价值观念的障碍

如果语言文字、社会科学和现实政治三大障碍已足使儒学研究在国际学坛上无法开展,错误的价值观念更造成一种肤浅的"意见的气候"(climate of opinion),使得研究儒学的动机本身都受到了感染。近五十年来,在台湾,儒学流浪于学术大门之外,或被斥为传统遗毒的替身,或被捧为政治宣传的工具,既免不了被人盲目地谩骂或攻击,又逃不掉一厢情愿地赞美或歌颂。难怪在庄严的学术研究中,儒学研究逐渐变成了令人"退避三舍"的"禁地"了。

在国外,以英国为例,从理雅各到德效骞(H. H. Dubs)的牛津

龙鹰之旅:从哈佛回归东海的认同和感悟(1966—1970)

传统,几乎完全站在基督教传福音的立场来研究儒家。他们在翻译经典上,固然有不可忽视的贡献,但在哲学思想方面确实留下不少漏洞。理雅各在1892年曾宣称,如果中国人民不把孟子性善之类的邪说抛弃而皈依耶稣,则中国永无获救之日(见其所译《孟子》序言,第74页,香港大学版)。经过了七十多年,直到最近,德效骞还在用表面上比较接近博爱的墨子兼爱理论,来批判儒家的仁学。

至于认为中国文化的创造精神尽见于先秦诸子,那更是欧美学者普遍的说法。在这种气氛之下,宋明儒学完全变成"陈腐过时",毫无创新可言。事实上,在反礼教、反玄学的气氛里,有些中国学者曾经不负责任地表示过:"程朱、陆王学派之不同乃是由于对大学中格物一段章句采取了不同的疏解而来。"这种因果倒置的论调,早使儒学在国际学坛上一蹶不振了。难怪加州大学的列文森(Joseph Levenson)可以不窥宋明儒学600年的传统而大谈《儒教中国及其现代命运》(*Confucian China and Its Modern Fate*)。

其他把中国科学技术不进步,资本主义不发达,民主制度不建立等等统统归罪于儒家,就更不待说了。这些观念形成之后,不但儒学研究的方向和内容受到了种种限制,即使起码的落后处也都无法把握。因此,如何客观地、分析地去研究儒家,是现代中华学人们最大的挑战。要接受这项挑战,我们不但要能超越语言文字的限制和社会科学的约束,并且要能逃脱现实政治的利害观念和价值观念的影响。只有如此,我们才能善于利用语言文字和社会科学的工具,对现实政治保有批判的精神,对价值观念采取欣赏的态度,以发展真正现代中国的儒学研究。

1967 年 8 月于普林斯顿

(原载《明报月刊》,香港 1967 年 10 月)

儒家的新考验

一

自从第二次世界大战以来,追寻新的文化价值变成了西方学坛最关切的问题。西方学者一方面对以知识论为中心的希腊传统加以分析和批判,另一方面又对以希伯来传统为后盾的基督教文明加以反省和选择,因而西方文化的两大柱石都同时受到了严重的冲击。许多学者虽然没有抛弃自己的文化传承,但到东方哲学的园地里来寻求智慧甚至安顿,却蔚然成为一时的风气。

斯宾格勒(Spengler)《西方文明的没落》确实早已过去了。西方的学者们现在对自己文化的批判和反省,可以说是以往学术界闭关自守、故步自封所引起的反动,其目的在寻求更广大、更深厚的文化基础作为世界文化大汇合的根据。在这种学术界的新趋向中,我国的儒家能扮演什么角色?应扮演什么角色?会扮演什么角色?下面是我根据基督教神学、存在主义、心理分析学及社会学的新发展所作的推测。我的目标不在作学术的论断,而在提供一些极为浅显的线索,以备海内外知识分子参考。

二

基督教神学本来具有浓厚的学院气息,而且从不跨越神学院的大门。现在经过保罗·蒂利希(Paul Tillich)等人的努力,神学不但变成一般知识分子们所爱好的研究对象,同时也是鸡尾酒会里聊天的话题。表面上这好像是神学界的堕落,因为"上帝"、"三位一体"等庄严的名词已凡俗化,成为一般人的谈资了。然而从较深一层的意义看来,推动这项发展的力量实在是基督教神学家们最崇高的社会良心。他们不忍只顾辩论本体学上千载不得其解的悬案,而要把基督教最深奥的哲理拉进现实世界,看看面对着社会上种种黑暗与不平,基督教应当说些什么话。保罗·蒂利希是第一个非犹太籍因反对纳粹种族偏见而被免职的德国教授;朋霍费尔(Bonhoeffer)竟因政治活动被纳粹党捕捉,死在狱中;卡尔·巴特(Karl Barth)同样也是领导欧洲人民在宗教精神上与纳粹为敌的大将。以上不过是最受人注目的三位神学家罢了,其他为尘世间的正义而牺牲的信徒更是不胜枚举。

耶稣曾叫他的门徒抛弃现实上的一切纠缠去礼赞天上的父。现在的基督教神学家不但要把天国建筑在地上,而且宣称只有地上的天国才是真实永恒的。这种把基督教神学从象牙塔里拉出来,向一般群众布道,向社会上恶势力挑战的新趋向,经过长期的发展,必会削减基督教的神秘性,打破基督教的统一性。以前"恺撒的事归恺撒,上帝的事归上帝"那种在理论上宗教与政治不相关涉或者互相制衡的局面,势必要彻底地改观了。韦伯曾说过,"自从马丁·路德改教以来,人人都是僧侣,世界即是一大修道院"。现在僧侣变成了普通人,修道院成为社会的一部分,神圣与凡俗的界限打破了。

事实上,神学走出象牙塔不但不违背基督教的原始精神,而且彰显了耶稣布道的初衷。然而从神学理论上来观察,基督教确实在本质上起了变化。由于这种变化,儒家把道德修养与政治抱负连接在一起的观念,乃至不从外在事物上区分神圣与凡俗的精神,有了新的意义。以前当乱世,佛教徒可以逃进庙宇,回教徒可以逃进寺院,耶教徒可以逃进教堂,惟有儒者,在理论上无处可逃,即使在只能独善其身的穷世,孔子还是免不了要发出"吾非斯人之徒与而谁与"的叹息,并在"知其不可为而为之"的心态下奋斗到底。现在基督教,从神学理论的根源上看来,也走上了儒家必须生存在现实社会中以改变现实社会的途径。

当然，从基督教的发展史看来，社会工作原是基督徒们宣扬教义的具体表现，并非近几年才有的新现象。但是从神学界下手，建立基督徒必须在现实社会中发扬道德精神的理论基础，却是自第二次世界大战以来才掀起的新浪潮。由于这股浪潮，引起了基督教神学的大变化。所谓"境遇伦理"、"无宗教的基督教"、"无上帝的宗教"、"由宗教性或宗教的取代特定的宗教"等神学上层出不穷的新口号，都是基督教神学在正视现实社会并开启道德良心的过程中所溅起的水花。

儒家的人文精神原与西方反宗教的人文主义没有什么相似的地方。譬如儒家的伦理关系并不代表人文一层论，而是个人成德过程中必须肯定的社会基础，这种基础实在含着相当程度的宗教感情；又如儒家的"内圣外王"，也不是把道德与政治无条件地连接在一起，而是视道德修养为实现政治理想的指导原则，其中也未始不含着宗教性的期望和礼赞。因此，儒家的性命天道虽不代表一种特定的宗教信仰，却含有浓厚的宗教意义。不过，儒家的宗教性并不建立在人格上帝的神秘气氛中，而表现在个人人格发展的庄严性、超越性与无限性上。基督教神学界由面对现实社会所激起的道德良心会不会也走上"反神秘主义"、"反人格神"的方向去呢？这是一个耐人寻味的问题！

三

西方的哲学传统向来以知识论为主。翻开任何一本西洋哲学史的著作,在西方文化中占据崇高地位的耶稣、保罗以及中世纪的神学大师,都没有什么分量。在哲学界显赫一时的人物,多半是在知识论的构建上有成就的学者。他们的著作和他们的生活言行,甚至宗教信仰和道德实践,并没有什么直接的关系。存在主义的兴起,使西方的哲学界发生了质的变化。存在主义不能算是一个严密的学派,欧美逻辑实证论或者语言分析派的哲学家,甚至不承认它是一门学问。但是,存在主义在哲学界的地位已经确立,讲哲学概论而不提及存在主义,不但不表示纯净,反而显得孤陋。存在主义最大的贡献,是在西方的哲学界开辟了一个崭新的园地,使一部分西方哲学家的注意力转了一个方向。

海德格尔(Heidegger),当代最伟大的存在主义大师,在其名著《存在与时间》中宣称,现象学主要代表一种方法学上的观念。它的目的不在刻画哲学研究之主题对象"是什么",而在显示"如何"从事于该项研究。这种把"如何"置于"是什么"之前的努力,在海德格尔或者是承继了胡塞尔(Husserl)的现象学而来,但从另一个角度似乎亦可使我们想到克尔凯郭尔(Kierkeggard)。这位被后人追封为存在主义开山大师的哲学家,首先领悟到"主体性"的意义。他的名言"真理即主体性",是存在主义的重要指标之一。由于主体性的发现,在知识论中占据要津的"思辨"落到第二义,取而代之的是体验和实践。克尔凯郭尔说他不是一个基督徒,而是在努力去作一个基督徒的过程中。因此他不思辨"为什么"要作一个基督徒或者"什么"是一个基督徒之类的问题,而只是脚踏实地去体验"如何"作一个基督徒。

克尔凯郭尔在西方是一位空前的怪杰,但他所努力的方向大体和儒家的原始精神不谋而合。儒家的道统不从思想论辩方式去表现,而从道德实践的方面去彰显。因此,儒家没有洋洋大观的知识论可以用来表现思想论辩的复杂性,但却留下了无数圣贤人格的印证经验,可以用来彰显道德实践的庄严性。在道德宗教的领域里,思考论辩和身体力行必须并行不悖便相得益彰,否则对道德宗教诸问题所作的哲学探讨,不但不能相应历史中伟大的道德人格或宗教信徒所达到的境界,甚至会变成毫无凭借的臆说。萨特虽不一定能代表存在主义运动的真精神,但他所宣扬"存在先于本质"的口号,确实代表了存在主义注重实践性的趋向。

在美国当代的哲学论著中,我们已经可以找到比较儒家和存在主义的专题研究了。譬如去年12月份的《国际哲学季刊》中发表了一篇《王阳明和存在现象学》的学术论文,其中提到的存在主义哲学家几达20位之多。作者先分析存在主义中几个基本的观念，接着介绍王学中"心"、"良知"及"知行合一"的哲学意义，最后再作综合比较。该作者并且叹息地表示，王学与存在主义最近发展的趋向有许多不谋而合的地方。如果现代中国的哲学家不利用存在现象学分析的方法来整理这宝贵的材料，那将是中国哲学界重大的损失。我们也可以接着说，如果存在现象学忽视了宋明理学这一传承的存在，那么也未必不是西方学术界中一件值得可惜的事！于是，我完全同意这位作者的结论：中西哲学可以从王阳明哲学与存在现象学在精神上和趋向上的相似处寻找到接头的地方。

四

中西思潮另一个接头之处，则是后弗洛伊德心理论分析学派及儒家自我人格发展理论的相似点。谈到后弗洛伊德心理分析学派，我们不能不先提到心理分析学开派大师弗洛伊德的贡献。在西方现代思潮中，弗洛伊德占据着划时代的地位。他所作《梦的解释》出版于1899年的12月31日，因而被哈佛大学的贝拉教授称誉为20世纪知识界中第一颗原子弹。这本富有爆炸性的巨著，实在是弗洛伊德自我分析的结晶品。他的勇气、智慧和创造力，在西洋现代思想史中确是值得大书特书的一页。然而,他毕竟没有跳出西方传统的束缚。他的学说,如对"下意识"、"自我"、"超自我"和"本我"(id)等观念所作的分析,虽然都有相当程度的客观性和普遍性,但概括而论却深深地受到犹太教以及基督教的原罪等观念的影响。即使他用"理性"来剖析人性的"非理性"面的方法,实在也受到当时哲学思潮的限制。因而,他所描述的人性是极为可怜的:一方面受到来自内部的性欲所左右,一方面又受到来自外部的礼俗所控制。根据他的分析,个人的超拔必须借助外在的规约来转化或升华内部的"非理性",超拔的原动力不是自主的也不是内含的。

后弗洛伊德学派(在此所指者,系以安娜·弗洛伊德为始祖的"自我心理学",ego psychology)亦以自我分析为主。但是根据这一派的理论,人格成长的原动力是内含的而不是外铄的。所谓"自我原力",即是一种内在的要求和力量。这种内在的要求和力量,可以由后天来涵养,但其存在却是先天的。因此,"自我原力"具有独立性和创发性。一个人在生长的过程中必定会受到各种类型的刺激,然而他的人格并非纯由应付这些刺激的反应组合而成,也不一定由内部"性要求"的升华而成。真正左右人格发展的力量,是内在的,而且是自主的。于是被弗洛伊德描述得既可怕又不可避免的"杀父娶母"的性要求,在此转变为人格发展过程中一种

"情况",而不是人人都推却不掉的"窘境"。

从儒家的立场看来,"自我心理学"的发展正可彰显孟子性善说的真谛。孟子并没有否认现实世界中的罪恶以及食与色是人性的基本欲求,更从未宣称世界上的人都是善良的。他的"性善论"实在是为"人人皆可自发地从事道德实践",或者"人人都能靠自力成圣成贤"这一信念建构哲学上和心理学上的根据。他所说的"仁义内在"、"良知良能"、"知言养气"以及"尽心知性知天",因此可以解释为承继孔子的学说,点出"克己复礼为仁"的工夫,从哲学或心理学的立场看来,不但是自动、自发、自主的,而且必须从自己身心上下切入。

"自我心理学"点出了人格发展的原动力,但没有加上任何道德哲学的观念。然而这种"道德中立"的纯科学立场究竟能维持多久?艾里克森(Erikson),自我心理学派的领袖人物,根据其研究马丁·路德和甘地等宗教领袖所得的结果,把自我心理学和其他的人文学如历史、文化、哲学等连接在一起。他所涉及的范围和采取的途径,已不是狭义的社会科学所能限定住的了。如果"自我心理学"不能完全不在哲学上找根据,不能只从实验科学中求证明,东方哲学,尤其是儒家,将会扮演重要的角色,何况到中国文化里来寻求启示,早在荣格(C. G. Jung)的时代就已经开始了呢!就是最保守的估计,如果"自我心理学"要想跳出西方文化传承的束缚,不再重蹈弗洛伊德的旧路,单就实验科学本身的立场来观察,中国历史上成百成千个儒家人格发展的实例无论如何是不容忽视的。

五

最后我们再从社会学的新发展来讨论儒家的时代性。近十年来,美国社会学界蓬勃的现象自必专家学者才能略窥全豹,这里所申述的自然免不了要挂一漏万。然而哈佛大学名教授帕森斯(Parsons)的行动论,毫无疑问地,是当代社会学理论中最重要的一支。帕森斯的学术背景相当广博深厚,他的行动论,利用结构及作用的分析方法自称受益于德国的韦伯和法国的涂尔干(Durkheim)最多。根据他最新的研究,文化、社会、人格三个层次,一方面可以用解析的方法分别来讨论,另一方面又必须把它们视为一个整体,俾便了解其间相互的关系。韦伯最大的贡献之一,就在发现了文化价值影响社会变迁的实例,即其所提出新教伦理与资本主义精神的关系。韦伯所研究的实例本身虽然受到各方面的修正,但他所提供的大原则已获得了学术界普遍的重视。涂尔干则对社会层上错综复杂的问题提出许多独到的见解。他对社会分工以及自杀现象的解析,都已成为社会学中必读的经典。然而,

龙鹰之旅：从哈佛回归东海的认同和感悟（1966—1970）

他最大的贡献之一，则是真切地体认到文化与社会的不可分性。因而他所说的"社会"，根据帕森斯的解析，实则包括文化价值在内。这也就是他所提出"集体无意识"一观念引起许多误解的原因所在。

由于帕森斯行动论的提出，在分析一个特定的社会时，人格、社会、文化各层的问题都要兼顾，使得以前散离的研究有了综合的指标，以前被忽视的整体性有了崭新的意义。同样地，用这套方法来分析儒家，必定也会有很大的收获。根据帕森斯行动论的分析，儒家哲学里许多久被遗忘或者数百年来只是用陈腔滥调解来解去的观念，都会赋予新的意义。例如，儒家哲学的最高原则——仁，不但含有超越的普遍性，而且有现实的差等性。孟子在公元前5世纪即以分工的理论批判农家，《大学》《中庸》里，就以自我人格建立为中心，同时伸展到"家国天下"和"性命天道"——政治与宗教两个范畴之中，以及宋明诸大儒从身体力行方面自证应用儒家哲理影响，并转化社会风气及政治制度的实效。诸如此类，都是值得用行动论的方法重新去了解和评价的大问题。

另外，儒家哲学在其原始型时代，就把人格、社会、文化三个层次视为一个整体。根据儒家，个人不但通过五伦的关系和自己的亲友们连接在一起，并且依靠推己及人的原则，逐渐和社会上其他个人取得联系和交往，最后并由成己成物的心愿达到与天地万物为一体的境界。于是,人格、社会与文化三个层次,在个人道德的自我实现中融合为含有差等性的整体,即所谓人格相辉映的大和世界。这种既没有忽视个人,又没有忽视社会和文化的哲学理想,从行动论的立场看来,应有极深长的意义。事实上,从现代社会学发展的历史来观察,儒家并不是一个陌生的名词。在韦伯的遗作中,《中国宗教:儒教与道教》一书所占的地位就很重要,其中自然以儒家为主。韦伯的结论虽然有许多值得推敲的地方,但他分析儒家的方式至今仍为专攻中国社会学的中外专家所称道。涂尔干自己虽没有在中国文化方面下工夫,但他的弟子葛兰言(Granet)却是法国汉学界利用社会学方法研究中国思想史的先锋。现代的帕森斯本人,对儒家就更重视了。他也许因语文的限制无法深入儒家,但在他的著作中,"儒家"并不是生疏的字眼。他的高足贝拉(R. Bellah)虽以研究日本德川时代的价值系统而成名,对儒家所下的工夫那就更深厚了。这些学者如果要想建立一套较具普遍性的社会学理论,对儒家作广泛的研究可以说是无法避免的。

以上是我根据基督教神学、存在主义、心理分析学及社会学的新发展,对儒家的时代性作了概括性的推论。对于上面四门学科的选择,纯是我自己主观的限制。否则,如文化人类学、道德哲学、一般宗教学、社会心理学乃至存在心理学等,都应当提出来讨论。不过,假使这种大而无当的介绍还有任何宣传性的价值可言,我宁愿把它当作对有志于研究儒家思想的学人们所提出的警告,而不当作"儒家将来必会再发扬光大"这一信念的保证。学术界的竞争是无情的,如果研究儒家的学者们再不能提供出一些超乎国际水准的作品来相应或批判西方学术界的新思潮,那么儒家虽有影响国际学坛的潜力,西方学者虽有追求新价值的热忱,两股力量仍旧没有接头的地方,真正受到打击的仍是儒家。这确是时代给予儒家的新考验。

(原载《人生》31卷8期,香港,1966年12月)

全盘西化的最后一课

——评居浩然的《义和团思想与文化沙文主义》

一

"30年来,我一直在深思默索下列一连串问题:中西文化究竟有什么不同?能否会通?能够的话,如何会通?不能的话,为什么不能?时迄今日,这些问题可说都有了答案,部分答案并已写成文章发表,但汇集所有答案在一篇文章之内则以此为首次。"——这是居浩然先生所作《义和团思想与文化沙文主义》(《明报月刊》39期,1969年3月)一文中的第一段。因此,该文可以说是居先生三十年来探索中西文化诸问题的结晶,也可以说是居先生在现阶段对这一连串问题所提出的定论。

居先生在《义》文中承认当代大儒熊十力先生的"破功"和哈

龙鹰之旅：从哈佛回归东海的认同和感悟(1966—1970)

佛大学帕森斯教授的"立论"对他的影响最大，但他认为熊先生的学问不免归结于信仰，因而有"易破难立"的危险；帕森斯则"善自反省"，并且不顾索罗金(Sorokin)教授的攻击："破得越凶，立得越牢。"所以只介绍了帕森斯的"理论"，完全没有触及熊先生的哲学思想。

居先生相信，帕森斯的理论，"不但可说明中西文化的差异，而且可说明怎样形成两者的差异"。根据他的分析，"中国文化主要与众不同之处在早熟"。他认为从秦始皇到汉武帝，"其间的100多年铸成一个铁桶，困住中国历史2000年之久"。因此，黑格尔断定"古代中国只有一人自由"是"见解卓越"。他用《大学》上治国平天下的"平"字来翻译 Pax Romana 的"Pax"字，得出"所谓平天下乃是以武力压平"的结论，并且宣称"所造成的天下，又必须继续靠武力镇压，才能维持下去"。因此儒家思想与大一统专制皇权结合，要拥护民主非反对孔教不可。

关于中西文化能否会通的问题，居先生的回答很简单："由此可见，在今天讲中西文化会通等于北极圈附近的爱斯基摩人和美国人签订文化交换条约，美国人送上一套暖气设备，爱斯基摩人的冰屋全部融化。爱斯基摩人若想投桃报李，能拿得出手的恐怕只有几张北极熊的熊皮而已。"中国文化与爱斯基摩文化所不同的地方，根据居先生的分析，在后者没有什么文化包袱可丢，因而容易西化;前者因为有丢不掉的文化包袱,结果妨碍了中国人进取向上的心愿。

居先生还引用了胡适之先生三十九年前在《介绍我自己的思想》一文中要求中国少年"必须承认我们自己百事不如人"的呼吁,劝勉今天的中国人一同"死心塌地地去学人家"。他说:"若干年来我一直指出:摆在我们面前的,已不是应否全盘西化,而是事实上正在全盘西化中。"最后,他预言:"……全盘西化势在必行,而且是惟一的生路……"

以上介绍居浩然先生的思想,"显然失之过简。但这本是一部书也解答不清楚的问题,我这里若能指出这问题的关键所在,也就很满意了"。现在姑且根据居先生推论的线索,提出三点批评:(一)有关帕森斯的四层次理论。(二)有关中国文化的性格。(三)有关全盘西化。

二

帕森斯确是当代美国最有影响力的社会理论学家。他生于1902年,1924年从爱默斯特(Amherst)大学生物系毕业后,即前往伦敦经济学院(London School of Economics)攻读社会学,并亲领当时英国人类学界权威马林诺夫斯基(Bronislaw Malinowski)的教

龙鹰之旅:从哈佛回归东海的认同和感悟(1966—1970)

海。1925年他获得奖学金到德国海德堡大学进修时,初次听到社会学大师韦伯的名字。可惜韦伯已于1920年去世。通过韦伯的作品,帕森斯逐渐了解到价值系统(value-system)影响经济行为(economic behavior)的实例。1926年回到美国,在他的母校担任经济系的讲师。1927夏天再度前往德国,以论文《韦伯与松巴理论中的资本主义观念》("The Concept of Capitalism in the Theories of Max Weber and Wemer Sombart")获得博士学位(Dr. Phil. 与一般的 Ph. D. 不同;德国当时的 Dr. Phil. 也许相当于现在美国第一流大学的硕士)。1927年帕森斯开始在哈佛执教,先担任经济系的讲师(1927—1931),后来又担任社会学系的讲师(1931—1936),助教授(1936),副教授(1939),正教授(1944)。并曾利用暑假在哥伦比亚及芝加哥大学讲课。1946年,他成为哈佛大学社会关系学系第一届的系主任。现在帕森斯虽已届退休之年,但仍是哈佛文理学院及法学院中极活跃的教授。

帕森斯的理论结构虽与生物分类有关,但他的基本训练还是在经济学,尤其是马歇尔(Alfred Marshall)的古典经济理论和社会学,尤其是韦伯及涂尔干的理论。他不但翻译了韦伯的名著——《新教伦理与资本主义的精神》(*The Protestant Ethic and the Spirit of Capitalism*)——而且把韦伯的思想有系统、有步骤地移植到英美的学术界来。有一次,帕森斯极郑重地告诉他的学生:"三十年来我诵读涂尔干的劳力分工(*Division of Labor*)已有几十回了。"自从1937年他出版了《社会行动的结构》(*The Structure of Social Action*)以后,帕森斯一直是美国社会学界专攻社会理论的领军人物。1950年他发表了一篇《心理分析与社会结构》(*Psychoanalysis and the Social Structure*)的论文,认为心理学的范畴在社会科学(包括社会、政治、经济等学科)中所扮演的角色,相当于生物化学在生物科学(biological science)中的地位。他对弗洛伊德心理分析学下了十多年工夫,最近又特别致力于后期弗洛伊德学派的发展。

三

帕森斯是一位极富创见、极有分析能力而又极擅长综合的理论学家。他成功的因素固然很多,但我以为有两点特别值得我们重视。根据立论的方式,帕森斯是一位具有"历史意义"的学人。他的理论基础建筑在深厚的社会科学传统上。他不但精研韦伯及涂尔干,对于马歇尔、弗洛伊德都下过真工夫。然而他却不敢自居为美国社会学论的拓荒者,只承认自己属于第二代,承继了森姆勒(Sumner)、派克(Park)、孤雷(Cooley)及托玛斯(Thomas)等美国学者的衣钵而已。另外,根据求学的态度,帕森斯是一位能够自强

龙鹰之旅：从哈佛回归东海的认同和感悟（1966—1970）

不息的学人。自从1928年在《政治经济学报》(*The Journal of Political Economy*)发表有关资本主义的论文以后，他对经济行为、政治制度、社会结构、价值系统都有许多专题研究；对行动论（Action Theory）也有过许多次的修改。近年来，有些社会学家批评帕森斯所领导的"结构—功能学派"（Structural-Functional School）只适于分析静态的社会现象，不足以解释社会变迁，于是他又积极地撰写新书来应付这些批判。

如果上面的叙述大体不错，那么帕森斯绝不会提出如居先生所描写的"四层次理论"。因为分辨生物、心理、社会及文化四个层次是普通常识，也是大多数社会理论学家共同采用的基本观念。帕森斯的贡献或在分析经济、政治、社会、文化四范畴之间的交互关系，或在讨论社会科学的整合问题，或在增加我们的"普通常识"，或在厘清我们的"基本观念"，但似乎不必把"四层次"当做帕森斯的创见。

生物层与心理层的不同，自从有所谓"人禽之辨"以后，已渐为人类所知，但心理层如何影响生物层，生物层如何刺激心理层诸问题，到现在仍是医学界及生物界的争论中心。最近加州大学的詹逊（Arthur Jensen）教授提出黑白人种因为社会环境不同而影响到智能差异的理论，就引起了一场大风波。

心理层与社会层之间的关系当然更复杂，社会习俗只是许多问题之一。在艾里克森的《儿童期与社会》(*Childhood and Society*)一书中有精辟的见解。如果"张先生握李太太的手"算西化,那么英国人喜欢喝茶就变成汉化了。如果隆胸是美国化,那么半裸就变成非洲化了。居先生举的这些例子很能引人入胜,但没有什么理论的价值,不知道真正的意义何在。

在分别文化与社会两层次方面,居先生的论点很有商讨的余地。首先我必须指出,文化与社会的分别并没有生物与心理或社会的分别那么清楚。有些学者甚至不承认在理论上可以明显地区分文化层与社会层。譬如普林斯顿大学的教授列维(Marion Levy),就坚持帕森斯讨论文化与社会的区别处有很多混淆不清的地方。居先生用已定型与未定型来分别文化与社会,并宣称"父母之命,媒妁之言"属文化层,新式婚姻属社会层,这是很特殊的看法。至于把思想归于社会层,把文化喻为"笼中之鸟",那就更新奇了。

四

居先生用所谓的"四层次理论"来说明中西文化的差异,归结到中西文化在生物层没有差异;在心理层没有根本上的差异;在社会层有很大的差异;在文化层,因为语文的隔阂,有不可消除的差异。他甚至把"差异"改成"困难",干脆断言中国人的全盘西化在生物层没有困难,在心理层没有根本的困难,在社会层有很大的困难,"到了文化层,更是困难重重"。

其实,所谓"四层次的理论"只不过是分析问题的基本工具,不能说明中西的差异,也不能"说明怎样形成两者的差异",与帕森斯的思想内容更是毫无关涉。帕森斯以前曾批评过斯宾塞(Herbert Spencer)所代表的社会达尔文主义(Social Darwinism),认为这套思想早变为历史的陈迹了。最近他虽然也谈进化(evolution),但他的见解和五四时代所流行的达尔文主义是格格不入的。贝拉(Robert Bellah,帕森斯的高足,现执教加大并担任日本及韩国研究中心的主任)所写的有关"宗教进化"(religious evolution)的论文,即是很好的证明。

居先生讨论中国历史,用了许多过分夸张的解释。我现在只拣出三点来讨论:

(甲)用"早熟"来表征中国文化,又称中国文化自汉武帝时代开始,二千年之外完全停滞不前,这和世界各地的学者公认直到1750年左右中国在经济生产、政治组织、社会结构和文化价值诸方面并不亚于西方的结论不符。韦伯的《中国宗教:儒教与道教》(*Religion in China*)和李约瑟(Joseph Needham)的《中国科学技术史》(*Science and Civilization in China*)虽然在细节方面尚有值得商量的地方，但已足够否定居先生所提出来的主观论断了。

（乙）把儒家仅仅视为被皇帝利用来维持其统治的工具，正好像现在欧美某些中国专家混文化层的哲学思想和政治层的专制皇权为一谈而得出了"儒教国家"（Confucian State）的观念来。如果我们不能分辨叔孙通定朝仪和董仲舒上天人三策在本质上的差异；如果我们不能区别官方的意识形态（official ideology）和一般人民的价值取向（value-orientation）；如果我们不能看出文化层、社会层与心理层之间的冲突，又不能了解社会、政治、经济三方面的独立性与相关性，那么陈独秀在五四时代的口号当然还可以适用。不过这只能算是个人主观的愤恨之词，和客观的学术分析大不相同。

（丙）提出"保留这么一点（中国文化）则胃里会起呕吐作用，吃下去的西菜西点全给吐出来"的趣论，也许会引起某种感情上的满足，但完全经不起普通常识的考验。居先生也许对文化认同（cultural identity）的问题毫无兴趣，但不要忘记帕森斯最大的贡献之一是在《宗教社会学》（*Sociology of Religion*）。根据他的分析，文化价值是社会上不可或缺的凝聚力。如果保存任何自己的文化都会发生呕吐的现象，居先生何不提出停止新陈代谢作用的建议——为中国找出一个一劳永逸的办法？事实上，居先生也承认"语言文字是任何一文化的重要项目"，中文当然是中国文化的重要项目。如果全盘西化是要把中国文化完全消除,那么宣扬全盘西化的居先生为什么还要仰仗"中国文化的重要项目"向中国人传教呢?

五

我觉得全盘西化不但不可能,而且不必要。现在虽然还有极少数的信徒(已经屈指可数了)仍在高唱半世纪前的老调,但是盲目摧毁中国传统价值的阶段已经过去了。时代的巨轮正开向重新研究中国文化,了解中国文化,欣赏中国文化,创造中国文化的新天地。为什么居先生还一定要我们退回到"吴虞"的荒原去?这也许不是文化层次的问题,而是一种没有经过反省的社会心理。是的,全盘西化不但在实际上行不通,在理上也讲不通。它只能算是一种信念。50年来,有不少知识分子曾相信全盘西化是通向富强的捷径,但是现在这种看法已为大多数的学人所扬弃。我们已从迷信西化万能的死巷转进到分析现代化的康庄大道了。今天在海外动心忍性的知识分子,早就超过了"但求全盘接受,不问有用没用"的程度。事实上,我们既已亲眼目睹西方文化的风云变幻,我们还肯面对七亿同胞大声疾呼:"往西走!往西走!西方才是极乐园!"不!我们应当站在中国文化的立场来批判现实政治,绝不能因为痛恨现实政治而抛弃中国文化。其实,打倒义和团思想的力量不会来自全盘西化。全盘西化只会激发更多的义和团思想。近年来,全盘西化与义和团思想确是两股互为因果的力量。一个在文化上宣扬全盘西化的人,往往在社会习俗上充分地表现出义和团的精神;一个提倡义和团精神的人,在内心深处多半早已全盘西化了。这两种极端主义在表面上虽然是完全相反的,但是在实质上它们都代表中国现代化过程中因为短期间的失调而引起的暴戾之气。

附记:拙文脱稿后,重新翻读《十力语要》,在周通旦所记的附记的附录中,找到熊夫子讨论"民无信不立"的一段,现在把有关的几句抄在下面:"夫曰自古皆有死,民无信不立,则是以诚信立国。而与以强立国者根本截异。以诚信立国,则不待以民力立强,而实以诚信结集民力,自无不强。"根据这段话,如果熊夫子赞同"学无信不立"的含义,大概也是从诚信处立论的。居先生把"信"字解为"信仰"甚至"迷信",因而对熊夫子有"指出别人的学问是迷信容易,要别人相信自己的学问不是迷信却非易事"的批评。

1969 年 3 月 6 日

(原载《明报月刊》,香港,1969 年 8 月)

有关文化认同的体验

一

再过 10 天就是龙儿四岁的生日了,那时我已抵达维也纳;9月1日正是开会前夕,也许忙得把这件事整个都忘了。本来,为儿子做生日是美国习惯,他们怕老,所以年纪愈小生日过得愈热闹。满了二十岁的女孩子,是绝口不谈生日的;有些敏感的男孩子,也不喜欢别人为他们筹划三十而立的大典;甚至九十多岁的老翁,还要隐瞒真实年龄,只肯承认自己是八九年华。中国人不但敬老,而且认为生命积累的本身,即有崇高的价值,因而四十的不惑,就比不上五十的知天命;六十的耳顺境界固然很高,但是要到七十才是古来稀的人瑞。

对于年龄和生日的态度,不过是中美文化取向不同的一端。

其他如男女的社交、父子的关系、朋友的情谊以及师生的道义,都是迥然异趣的。凡是在中国文化区长大的人,不论来美国留学、做事,免不了要受到这些问题的冲击和困惑。有些人很顺利地就打入美国社会,变成其中的一分子,不再受"过去"的干扰,他们的适应能力似乎很强,但接触的层面多半是浮浅的;有些人很不容易进入美国社会,要变成其中一分子尤其艰难,他们的变通能力似乎很差,但接触的层面多半是深刻的。我一方面感到自己很容易接受美国社会的情趣,譬如看球赛、听音乐、谈政治、参加鸡尾酒会之类;另一方面又觉得自己不容易欣赏美国社会的观念,譬如金钱第一、风头至上、成功万岁以及过分夸张男女恋情之类。我对美国社会的态度,不免影响到我对龙儿教育的看法,这是近来冲击我、困惑我最多也最大的问题。

二

我去维也纳开会,大半是因为民族感情的缘故。事实上,在现阶段我是没有资格要求学校支持我去参加这五年一度的"国际哲学会议"(International Congress of Philosophy)的。在哲学界,这不仅是声誉最高,而且是影响最大的会议,因此也是世界第一流哲学家云集的场所。被邀发表专题演讲的即包括罗素(Bertrand Rus-

龙鹰之旅：从哈佛回归东海的认同和感悟（1966—1970）

sell）、蒯因（William van Orman Quine）、萨特（Jean Paul Sartre）、布洛赫（Ernst Bloch）、马塞尔（Gabriel Marcel）、拉宙（P. T. Raju）、弗兰克（Viktor E. Frankl）及日本的西谷启治等人。我知道这个盛会的大要，是1967年8月的事。当时发现有"亚洲哲学"一组时，真是雀跃三尺，很想前往看个究竟。后来才知道，被邀的东方哲学家，只有印度和日本的代表，我的兴奋不免打了折扣，但要想以私人身份参与的决心却增强了不少。于是尽管我所提出的论文大要（communication）相当地疏陋，我在一般哲学方面的训练还只是初出茅庐，我仍说服学校当局，几乎在名不正、言不顺的情况下，给我一些经济上的补助。

维也纳我已去过了，而且逗留了五六天之久，该参观的也都参观过了，因此游历的动机不会太强。当然，能够一睹世界大哲人的风采也是值得的。但是，我早就对哲学失去了"浪漫的崇拜"，罗素的人生哲学引不起我的共鸣，虽然我很欣赏他自传的笔调；蒯因和布洛赫的系统，现在还不懂；萨特的存在思想已逐渐褪色了，留下的只是些扣人心弦的文学作品；马塞尔和弗兰克似乎比较合脾胃，但是他们的书还读得不够多；拉宙和西谷只能代表印度及佛教哲学，不足以拥有东方哲学的发言权。那么，我为何要花那么多时间和精力去参加这个聚会呢？也许我只是怀着愤愤不平的心情，想去看看这个号称最具国际性的哲学大会，为什么遗忘了世界1/

4 的人口？真的，连东德、捷克、波兰、罗马尼亚、保加利亚都有代表参加，但是把我自己算在内，报名的中国人，还不超出 5 名，而且全都是居住在美国的。

三

如果我去参加一个远在千里之遥、为期两周的国际会议，都受到民族意识的左右，我在教育自己的孩子方面，一种近在眼前的终身事业，又如何能免除虽然身居异国而念念不忘应该如何堂堂正正地做一个中国人的心愿呢？很多朋友为了自己的孩子不肯说中国话而发愁。他们常说："小凯在四五岁时中国话说得挺好的，但是一上小学就不肯再说了，现在满口洋文，真可惜！"然而，孩子们的教育只是语言运用的熟练问题吗？他们将来能否在社会上做一个有用的人？他们在求学的过程中能否取人之长去己之短？他们能否多面性发展自己的人格？能否勇于面对现实？能否独立自主？能否临事而惧好谋而成？他们将来是否只是大机制里一颗随缘运转的螺丝钉，还是创造新境界、开辟新天地的拓荒者？他们能够在极其公式化的社会里寻求到音乐、艺术的情趣吗？能够在极其紧张、俗气的社交中找到较高的人文世界吗？这些都是孩子们将来所必须面临到的"认同"（identity）问题。语言只是观念的表征,观念却来自无穷的内化过程。做父母的似乎不能只从语文一个层面来观察孩子们的教育。

四

四年前,当龙儿刚刚出世的时候,我根本没有想到他将来的教育问题。如果回台湾,他可以从幼稚园步步上升,就好像我们自己考完初中考高中,考完大学考留学一般。

1966年我们果然回到台湾了,那时他才两岁。在短短的一年之中,他不但开窍说话了,而且学得一口标准的国语。可是当去年我们再度来到美国的时候,他不仅无法和同年纪的欧美孩子交谈,甚至无法和他们相处。他的脾气变得非常暴躁,态度也由防御性变为攻击性,邻里的孩子们都把他当作惹事鬼。经过三个月的痛苦经验,他终于交了几个朋友,吵嘴打架在所难免,但次数逐渐地减少了。幸好我们住的教员宿舍等于是个小型的联合国——世界各地的学人都有,和我们同占一楼的就包括日本、瑞士、德国、法国、英国、美国和以色列等地的人。既然都是外国人,外国腔就变成了大家所接受的共通语言。

现在从语言的适应程度来看,龙儿似乎正值黄金时代,他在家里讲国语,词汇算是相当丰富了;和欧美朋友们玩的时候,他可以用稍带中国腔的英语来表达自己的意思。他似乎还能分辨在什么时候,对什么人应该用何种语言。暑假刚开始的时候,我们举行了一次野餐会,参加的同学有美国、中国及日本人。当一位在台湾住过三年的美国同学用纯正的国语发表高见时,龙儿又惊又喜地叫了起来:"他怎么也会说中文呢?!"但是当一位日本同学对他一连串的问话不置可否的时候,他简直弄不清楚真正的原因所在。

五

但是,劳动节(9月2日)以后,龙儿就要以四岁的资格正式上学了。从那时起,他的教育将完全托付在美国教师身上。他以后是否会拒绝讲中文,是否不再把自己当中国人,是否完全像美国孩子一样的天真、活泼、捣蛋、讨厌?!每一个中国家长都要经过这一关。起初总不肯袖手旁观,最后免不了顺其自然。难道这是"第二代的发展公式"?有人说他们终究要变成美国人的,这是大势所趋,根本无法阻挡的;又有人说他们多少受到中国文化的熏陶,只要黄皮肤、黑眼珠,永远脱离不了中国的怀抱,不必过分担忧。

龙儿的父母都是中国人,站在中国宪法的立场,他应该是中国人;但是他生在麻州的康桥,并且正要受美国的基础教育,因而根据美国的宪法,他应该是美国人。我们做父母的固然希望他将来

龙鹰之旅:从哈佛回归东海的认同和感悟(1966—1970)

成为一个地道的中国人,尤其是他的母亲:"龙儿当然是中国人,这还成问题!"但是我们有权帮他选择吗?我们凭什么一定要把自己的价值观念加在他的头上呢?然而,我们应该完全由他自己去发展吗?我们是否必须尽父母的职责给他一些规劝和指导呢?譬如"龙"这个字是岳父取的,因为他生在龙年,我生在龙年,我的母亲生在龙年,我的岳父自己也生在龙年,而且龙在中国是最祥瑞的神物。圣乔治也许以刺龙为荣,但在中国的天地里,龙是可以翻滚飞翔的。这些"希望"、"关注"、"鼓励",当然一定会在他幼小的心灵里留下深刻的印象。

六

四年前,哈佛的中国同学会召开了一次以"中国人在美国的婚姻、事业和社交三大问题"为主的讨论会。参加的中国学生共有40多位,来自18所不同的院校。中国人?凡是有中国血统的人都算吧!因此有来自台湾、港澳、南洋、日本并且会讲中国话(国语、粤语、闽南语不拘)的中国人,也有在美国生长只谙英语的美籍华人。我特别请了一位来自台湾的外省人,一位来自台湾的本省人,一位来自港澳的广东人以及一位生长在美国的华侨,作主要的发言者。

因为形式很随便,顾忌不多,大家都能剖心相谈,短短的两三小时中,交换了不少宝贵的经验。一位来自台湾的本省女士说,她的姐姐是依照父母之命媒妁之言而成婚的,但她自己觉得和美国男朋友在一起时比较轻松愉快。一位在美国生长的小姐说,她在小学时完全不知道自己和其他的美国孩子有什么不同,中学时代每当她有杰出的表现时,她的老师总会说:"看呀,这位中国女孩真聪明!"朋友们也开始问她有关中国烹调和中国习俗的问题,她才慢慢地自觉到自己是一个中国人,因此她在进入哈佛的女校蕾克利芙(Radcliffe)以后,就决心专攻中国研究(Chinese Studies)。她并半开玩笑地说,如果她有选择,她愿意嫁一位中国人。一位从香港来的男士大声斥责国际婚姻的罪恶,并且举出一些他亲眼看到的实例来说明"杂种"们的悲剧下场。一位在麻省理工学院攻读的研究生却郑重地宣称,不同种族的婚姻最符合优生学的原则,并且指出中国人即是各色人种大混合的产品。一位擅长交际的同学认为,约美国女孩子出去玩比较痛快而且不必破费,但要结婚还是中国人比较可靠。一位读工商管理的同学表示,在美国开创事业比登天还难;但另一位读同系的同学认为,在美国的机会极多,只看当事人有否冒险的决心罢了。一位攻历史的研究生觉得,美国社会毫无人情的温暖;但一位经济系的大学生,却非常欣赏美国尊重个人自由的企业精神。

七

在表面上,这不过是些杂感,一些微不足道的个人经验,它们不能代表一群人的共见,因而也无法指导中国人在美国的行为取向。然而,在美国的中国人可以被视为一种自觉的文化集团吗?我想大概不行。因为自觉的文化集团不能构建在一些毫无意识的偶然机缘上。

犹太人能够在美国政治、金融、学术、社会各方面发生极大的影响力,实在是因为他们有共同的意识和共通的组织;没有意识和组织,他们早就销声匿迹了。就现阶段看来,在美国只有"中国城"才代表中国人共同的意识和共通的组织,但是"中国城"的心理不是由于自觉的创造所形成的,而是受了无谓的逼迫所促成的。因此,不能转换为大多数中国知识分子的"认同",只能算是大多数中国人的避难所。

在群众路线高唱入云的今天,为什么大多数的中国知识分子仍不能在大多数中国人的避难所里找到认同呢?原因很简单:知识分子是反省的动物,动物经过反省以后就不能只服从衣食住行的自然趋向,而必须追问如此生存的意义所在。"中国城"的心理现在还经不起这些追问的考验,正如只能在麻将和武侠小说里找到中国味的父母们,无法回答子女们询问做中国人的意义所在。因此,各种类型的中国人能够同聚一堂谈谈大家都关切的问题,是有极高的价值的。

八

以前我总觉得,能够把做中国人的意识灌输到子女的身上即代表庄严的意义,因为只要他们肯把自己当中国人看就不错了。但是现在我的观念改变了。如果子女们并不了解什么叫"中国人",他们为什么一定要自动地选择做中国人?

暑假期间,我利用在康桥做研究的机缘结识了几位年轻的美籍华人,其中印象最深的是一位蕾克利芙哲学系毕业的高材生。她因参加一项慈善工作,在非洲居留了一年,最近刚刚返回美国,准备改习医学。这位颇有见解的炎黄子孙,坚决反对父母们把"做中国人的观念"不经分析、不经诱导地灌注到子女的心田里。她说:如果父母不能以身作则亲自证明做中国人的长处,强迫性的压制只会带来各种类型的心理变态。

是的,我们如何让子女们相信中国是礼仪之邦,而在自己的行为中处处表现出尖酸泼辣的样子?我们如何让子女们了解中国人对友谊的珍重,而在自己的言谈中专门中伤亲朋?我们如何告诉子女们中国人有勤俭的美德,而自己一有空闲时就强邀搭子作竹城之战?

也许我们自己做中国人是习惯使然,也许我们从未反省过做中国人的意义所在,也许我们根本不愿意去追究这些看起来不着边际的问题,这是我们的"福气"。但是我们不能要求在美国生长的中国子女,也有这种习惯;也不必经过反省,也不必经过追究,也一定享有这份"福气"。他们如果想要做中国人,必须接受考验,必须经过自觉的奋斗,必须依靠有意识的抉择,因为他们的"中国性"并不是与生俱来的。

九

进一层来看,难道我们自己真是在中国文化的熏陶中长大的吗?我们的语文、口味、嗜好、想法都已打上了中国的烙印,因此我们的举止也就是中国人应有的举止吗?我们在中国的土地上多住了几年,因此我们就拥有中国味的保单吗?

在台湾时我常想,香港弹丸之地受英国殖民教育甚久,中国味一定太不够了。但是,当我在香港亲眼看到清明节一把香烛和一束鲜花的扫墓行列时,我又不禁叹息道:这是台湾所见不到的故国遗风啊!在美国住了五年之久,我一定"西化"了不少,但是不来美国我哪能接触到那么多现代中国的问题？我也许连近代史的基本观念都没有,我也许根本不了解今天中国真正的忧患所在。那么,来美国是减少了我的中国味呢,还是增多了我做中国人的意识呢？

也许我们应该分辨三种不同层次的中国人:一、自然生命的中国人;二、社会习俗的中国人;三、文化意识的中国人。只要有中国血统,也就是有"中国根源"(Chinese origin)的人都符合第一类。会搓麻将,懂得欣赏京剧,喜欢吃大鱼头,能够陶醉在剑侠小说里的可以算是第二类。但是,只有经过自觉的反省而能够把中国的文化价值内化(internalized)的,才有资格达到第三类的境界。因此,前两类是推脱不掉的中国人,第三类则是很难企及的中国人。我们自己多半属于前二者,但我们的子女不能也无法只停留在第二类的格调,那是现阶段中国城的心理。他们如果没有中国人的文化意识,那么他们只剩下了中国人的自然躯壳。但是,如果我们只肯做惯性的中国人,我们又凭什么望子成龙呢？

十

这些杂乱无章的思绪常在心湖里波动着,有时不过泛起些涟漪,有时简直是巨浪滔天。我虽然逃脱不了第一、二类的中国人,但极不甘愿只停留在这个层次中。茫茫大海,我又到何处去寻求真正的文化归宿呢——海岛？异国？还是童年的回忆？去维也纳不过是这永恒追扑的一站,教育孩子也不过是这考验的一端,不知道哪一年我们才敢想象托马斯·曼说"我在哪里,德国文化就在哪里！"时的神态。如果我们自己达不到,儿女会挺身而起吗？但是,如果我们自己真的达不到,我们又凭什么要把这个十字架压在儿女身上呢？

(原载《联合杂志》3—4期,纽约,1968年12月)

历史、文化上有分量的牺牲者

一

人才外流是大家所公认的不合理现象。但是,当"流而不归"的留学生愈来愈多、时间愈来愈长的时候,大家又开始动脑筋,想办法,为这不合理的现象找出一些可以自圆其说的理由。于是人才留美,变成了在国外储蓄国力的最佳途径,变成了解决台湾劳动力过剩的唯一办法,甚至变成了减少经济及政治压力的巧妙安排。好像每年把数以千计的留学生投入到美国庞大的金融机制里之后,台湾将来就会拥有一大批忠贞的技术人才,现在挥之即去,到时候呼之即来;好像这每年数以千计的学生,如果都滞留在台湾,不但会增加严重的失业压力,而且会导致各种类型的社会不安。根据这些推论,在岛内教育制度下培养出来的精英,如果不出去,

龙鹰之旅：从哈佛回归东海的认同和感悟（1966—1970）

是有百害而无一利的。于是，"来，来，来，来台大！去，去，去，去美国！"就变成了台湾学生们"举业"的抱负。根据最近的调查，及龄入学的儿童们，也每每以"留学"为平生大志。我们应当了解，在纽约华埠"四，五，六"吃饭的时候，在"荣发"买中国菜的时候，虽然常会碰到一些同学和朋友，相谈之下，"好像大家都出来"！其实，这不仅是一种毫无事实根据的幻觉，而是一种主观需求的反映。从岛内专科教育的立场来观察，百万以上青年学子的精神力量，竟集中在千余名"漏网之鱼"的身上，这个比例是很可怕的。即使明朝的八股取士，也不会比今天的疯狂留学要斫丧性灵。每当我目睹一女中（或建中，或附中）的"考试专家"在台大的校园里抱着笔记硬背甚至高声朗诵的怪现象，心里总是一阵冰凉。想不到"五四"的愤怒青年和抗战的热血青年，不过只一代之隔，已是万事皆下品，惟有留洋高的信徒了。

二

二十年来，长住美国的留学生已有一万多人。这批为台湾上下所瞩目、所羡慕的幸运者又是如何的飞黄腾达呢？不论从婚姻、事业，从社会地位，从经济能力，或者从心理健康来观察，这数以万计的中国知识分子，多半逃脱不掉问题人物或者边际人物的头衔。

历史、文化上有分量的牺牲者

固然,在学术界和企业界确有一些杰出的中国专家,但是他们的人数实在太少,而且大部分是清华和西南联大的底子,抗战以后才出来的例子那就微不足道了。一般的留学生在干什么呢?这是中国现代史上的"谜"。官方的机构不肯也不敢作一个全面的调查。在台湾报章出现的"大人物",十之八九是毫无客观标准的吹嘘。从"东家长西家短"以留学生活为背景的小说里,更不能一窥全豹。

在没有正式的研究报道以前,我们只能凭借一些零星的描述。大体而言,这一万余人不外乎读书、教书、做事、打工四大类。当然,除了纯粹读书、打工外,有些是半读半打,有些是藉打供读,有些则是假读真打。至于半读半教,半教半做,或者纯粹做研究之类,可以有十数种不同的组合。这四大类又可以略加界定:打工以餐馆业为主,其他种类的工都有工会为后盾,又需要如牛一般的体力,很不容易适应;做事以各种公司的研究部门为主,也包括打字、秘书之类的杂务。在研究部门工作的,多半不属于基本研究,而是以技术发展为主;教书可以分为两大类,一类是理、工,一类是文、史。理工方面,工多于理,实验多于理论,研究多于教书。台湾的报章杂志常常告诉我们中国留美学人在物理界的成就,但是在美国名大学讲授物理学的中国教授,仍是凤毛麟角(哥伦比亚及纽约州立大学的盛况并不多见),文、史方面以教中文及从事中共资料搜集为主。因为各大学开设有关中国文化的课程逐渐地增多,讲授中国哲学、历史及文学的专任教员也就屡见不鲜了!

这些粗浅的概述如果大体不错,我们至少可以断言,在美国的留学生不但不能担负将来建设中国的使命,而且是泥菩萨过江,自身难保。确实,一个毫无心理准备,又毫无技术准备的留学生,从纯靠父母为生的小圈子里,一夜之间突然放在四无傍依的国际都会,不但要打破文化、种族的界线,而且要谋求生存的最低需要,能够苟且偷生不因环境的剧烈改变而神经失常已是万幸,还谈什么理想!在岛内最大的抱怨是"苦闷",在海外最大的奢求是"生存"。苦闷的人还可以花钱去解闷,去浇愁;奢求生存的人,不但忘记了自己的国家,而且连自己的名字也抛弃了;只要找到一个可以卖力的差事,其他都是假的。这不是人才外流,而是外流的人才摇身一变不再是人才,成为受人蹂躏、轻忽的牺牲者。

三

我们都是留学现象下的牺牲者,我们被牺牲的程度尽管不同,但是内心所受的委屈和纠缠是相通的。我们有的还在嘶声叫喊,有的已是麻木不仁了,但是我们的命运是相同的。基于这相通的感受和相同的命运,我们应该从失落中寻得一些失落的线索,从偷生中找到一些生存的理由。表面上,这也许只是自我安慰,自圆其说,为我们既不敢回归又不肯归化的变态心理寻找一些似是而非的借口。在现阶段,我不得不承认,留学生们大批流亡美国,失去了留学的初衷,失去了留学的目标,甚至于丢掉了自己的"名字"。这种现象不但对中国的前途没有正面的意义,对留学生自己也没有正面的意义。而且,社会风气既已形成,积重难返,我们都不自觉地受其腐蚀,受其摆布,所谓"相胥于溺,其何能淑"?

但是,如果我们这批看起来势必在时代狂流中被牺牲的中国知识分子,能够正视自己的命运,了解自己的遭遇,大胆地承认其不合理性,不再随俗浮沉,仍旧可以从这万死一生的迷魂阵里超脱出来。表面上这是极不合理的循环论证,但真实的生命之光确实是从矛盾的存在中发出来的——能够自觉到自己是陷在极不合理的现实命运之中,就是超脱限制的必要条件;能够自觉到自己的生存根本没有意义,常是发现"存在意义"的必经途径。我们也许只是一万个毫无灵性的异乡人,但是我们所代表的"现象",对于中国和世界,难道没有任何意义吗?

四

在中国历史上,知识分子总是中国的主人翁。在异族入侵的

龙鹰之旅：从哈佛回归东海的认同和感悟（1966—1970）

时代，知识分子们常会受到奚落和打击，但是他们仍是中国的代表，他们从来没有大批地流亡异域。满清末期固然有不少知识分子逃亡日本，五四时代也有不少知识分子留学英美，但是他们都只是短期的旅居，他们的事业理想还是在中国的锦绣山河。近二十年来，中国的知识分子大批留居美国，这是一个极不正常的现象，因而不论在餐馆打工，在工厂做事或在学校教书，我们都参与了一次新的中国知识分子的奋斗史，这是逃脱不掉、推卸不开的责任。打工没有什么了不起，但是中国知识分子的打工如果可以打出餐馆，打出企业，这种奋勉向上的精神是可佩的；做事没有什么了不起，但是中国知识分子的做事如果可以开拓工业界的新方向和新内容，这是可喜的；教书没有什么了不起，但是中国知识分子的教书如果可以把中国传统文化的智慧变成现代欧美文明的精神食粮，这是可贺的。我们如何再忍心自甘堕落或自叹命苦呢！

世界的大潮流是趋向融合背弃隔绝的，不论表现在交通工具的科学技术，表现在观光事业的心理状态，或是表现在艺术作品的思想潮流，都指向种族和文化的大汇合。从社会学或人类学的立场来观察，我们每一个人都是东西文化交流的见证者；我们的成功或失败，正是将来人类共同生存的借鉴。我们能否在欧美社会里堂堂正正地做人，一方面可以考验西方文化的涵容性，一方面也可以考验中国文化的持续性。基于上面的理由，我们虽然逃脱不掉牺牲者的现实命运,但是并非不能尽己之心,作一群在历史上、文化上有分量的牺牲者!

五

事实上,如果我们真能尽己之心,我们不妨效法犹太人的传统,深入美国的企业界和学术界。在企业方面,我们虽然以炒杂碎与洗衣服起家,但是我们不能就操此两业以终老。我们应当鼓励第一流的人才走进工商界,走进管理界,走进股票市场;我们必须和中国城的有识之士合作,并且以开放的心灵,以公平竞争的态度,参与美国朋友们的事业。我们要证明:传统中国的封建官僚固然轻视技艺,但是当代中国的知识分子却特别重视企业。在学术方面,我们虽然以专门技术见长,但是我们不能只停留在惟命是从的阶段。我们应当竭力培养学术界的领袖人才——不但能够独当一面,而且可以开拓新境界的角色。我们必须互相勉励,互相夹持以奖掖后进,培养一种力争上游的风气;并且从客观的立场,以坦诚相待的心情和美国同事们交往。我们要承继中国历来尊重读书人的传统,并且宣扬学术为天下公器的理念。从现阶段看来,只有通过企业和学术两条途径才能逐步确立我们的自信,提高我们的见解,加强我们的凝聚力。但是,当我们在生活上站稳了,并且获得了应有的发言权以后,我们自然可以进一步谈论天下大事。确实,地域和语言都不能限隔我们,只怕我们自己因为不肯接受考验,不敢面临挑战,而致不能开创一种超越现实权势但却内含文化价值的"同体感"。

(原载《联合杂志》2卷2期,纽约,1969年6月)

文化两极与两栖文化
——海外中国知识分子的适应与认同诸问题初探

海外有一千多万的华裔,他们究竟代表什么?一群有家归不得的寄客,一批谋求基本生活的异乡人?还是一种司空见惯的移民?也许他们并不代表什么特殊的文化集团,但他们之间因为地域环境、政治空气、社会阶层以及经济力量的差异,早已丧失了文化的共同性与共通性。因而用来描述他们的名词,如"华侨",只能算是一般的称呼,并没有深刻的象征意义。

举些明显的例子:菲律宾的华裔零售商,曾受尽无理的经济迫压;印尼的许多华裔子弟,已惨遭暴力屠杀(据美国的新闻报道,死亡的同胞在25万人以上);马来西亚的华裔公民,正忍受着政治的残害。但是在欧美生根的华裔人士,并不感到有切肤之痛;他们免不了会受些刺激,当然也引发一些愤怒,但多半还是抱着隔岸观火的态度。就实际行动而言,对中外各种报章杂志的报道和评论,

龙鹰之旅：从哈佛回归东海的认同和感悟（1966—1970）

简直视若无睹。这种现象，假使拿来和欧美各种犹太团体最近对苏联歧视同宗所作的种种声讨略加比较，就可以发现一个明显的对照：如果世界各处的犹太团体，含有共同的宗教和文化的意识，那么海外的华人团体，只能算是因为血统关系和生活习惯而组成的社群。这是值得每一位驻留海外的中国知识分子加以深思熟虑的问题。

一、传统知识之士的文化认同

"知识分子"一观念，本来不能脱离学术修养与道德责任两个环节而独立自存。没有通过学术所培养出来的智慧和见识，一个人即使有强烈的意念，想要为社会做一番事业，往往因为急于求成，忽视了时代潮流的历史性与局限性，结果变成了满腔热血的牺牲者。没有基于道德所发出来的责任感与使命感，一个人即使有充分的知识能为社会服务，多半因为畏首畏尾，放过了文化价值的现实性与直接性，结果变成了漠不关心的旁观者。

传统中国的"知识之士"，一方面"战战兢兢，如临深渊，如履薄冰"地建立自我，以达成"以天下为己任"的抱负；另一方面又博览群书，精研史例，作为经世济民的资本。他们虽常受专制政治的迫害和社会风气的腐蚀，然而他们是中国乡土的主人翁，同时也是中国文化的见证者。他们面临时代危机的时候,有过好几次挺身而出,批判现实,改造现实的辉煌纪录。因此,先秦的大儒,西汉末年的太学生,魏晋的名士,唐朝的诗人,宋代的理学家,晚明的东林诸友,清季的六君子乃至五四新青年和抗战的爱国志士,用血和泪为中国知识之士浇灌了一株以道德责任为根,以学术修养为茎的大树。两千年来,中国的知识之士,在它的荫护之下,从来没有发生过也完全不必意识到"文化认同"的问题。

固然,中国的知识之士,在外族入侵或西学东渐之际,曾经丧失过民族的自尊与自信,因此,有改服易俗或师夷长技种种措施。但是,植根于自己的乡土之中,广被于自己的文化之内,知识之士还可以痛切陈辞大声疾呼,唤起民族的自觉,在引导中国走向富强康乐的大理想下找到安身立命之处。高唱全盘西化,要把线装书丢入茅厕的五四时代,中国的知识分子,仍是影响中心,仍可以用文化的最佳表征——中国语言,向国内的广大群众播放内心的感情,而且通过各种类型的媒介物获得各方面的热烈反应。梁启超执笔的时候,有多少关注的心灵随着振荡;胡适发言的时候,有多少同情的声浪随着赞叹?他们虽然深深地体会到李鸿章早在19世纪中叶就洞悉的所谓"三千年未有之大变";他们虽然也深深地体会到传统中国的价值系统正面临解体的危机,但是"站在中国知识分子的立场,用中国语文向全世界的中国人发言"这个基本肯定是存在的,而且从来没有也根本不会发生任何疑难。

二、海外知识分子的文化两极

近二十年来,有数以万计的中国知识分子,大批流亡海外,特别是美国。这种现象可说是不合理的,甚至仅是短期的失调。但是作为其中的一分子,我们不得不承认而且正视这个事实。只有如此,我们才能有较深的自知之明,才能进一步地去了解,去分析,甚至去改变这一既成的事实。如果我们因为它的不合理性而否定其存在,因为它的期限性而忽视其重要,目前也许能像鸵鸟一样享受到片刻的安静,只要反省和自觉的能力不停止,终究会受到侵蚀,甚至迎面的痛击。因为积累越多,心灵的担负越重,求解脱也就越难了。所以,为了自救,我们不能不设法了解自己的处境,或许应该说是窘境吧!

凡是一个有血性、有理性的动物,从胸怀大志的留学生,突然变成一个四无傍依的"幽灵",总会引发出许多实感。由于看法的不同,这群知识分子大略可分为两类:

第一,有一些人相信我们是一群没有乡土,没有文化,没有历史根源,也没有未来展望的"现实存在"。我们对家国天下的抱负,早已成为随手抛去的"文化包袱",再也不必捡回来了。我们只要尽力向外捕捉——美国本来是外向的,金钱、学位、职业、家庭,按部就班,循序渐进,总可以打入美国的中上层社会,既可免除神经崩溃的危险,又可以拥有国际人士的头衔。根据这一派的看法,适应环境是中国学人在美国生存下去的唯一途径,而且"中国味"洗得愈清,"美国味"加得愈浓,适应的本领也就愈高。相反地,如果我们不肯放弃"中国性",口口声声要宣扬中国文化,那么我们势必遭受他人(也就是主人)之嫉,结果排华力量势必兴起。东南亚侨民之所以受到压迫,这是主要的原因,可以作为我们殷鉴。

依此类推,美国的中国城实在代表中国人食古不化、冥顽不灵的文化积习。中国城的存在,对中国知识分子而言,只是一般中国侨民不知通变,不能适应现代文明的征候。因此,他们觉得除了买些中国菜,吃顿中国饭以外,不必和中国城打交道,甚至应该和中国城完全断绝关系。不但如此,而且应当写文章,提意见,设法扫除中国城维护中国文化的心理,为在美国生存的中国人找出一条如何适应环境的归化大道。

第二,另一些人相信,我们现在虽然身处异域,但是"生为中国人,死为中国鬼"。既不应推托掉我们的"中国性",也不能摆脱开我们的文化约束。我们因为血统、肤色、容貌的不同,想要学习英国或德国或意大利人,移居美国就归化美国的"转移忠贞",是不可能的。我们即使勉强挤入美国的中上层社会,最多不过是客卿地位。事实上,我们仍免不了要遭受第二等公民的命运。因此,我们不应当放弃自己的生活习惯,让人家牵着鼻子走。适应环境是应当的,但绝不能丧失我们的中国味。如果我们把中国东西全忘了,只想要跟着别人走,结果变成东施效颦,把最基本的人格尊严也放弃了。

根据这一派的看法,人必自侮而后人侮之。东南亚的华人受到残害,并不是中国人要想保存中国文化而遭受到当地人的妒嫉,其实完全是利益争夺的问题。如果中国人真有文化意识,大家团结起来,形成一股势力,谁也不敢欺负。不要说菲律宾、马来西亚、印尼,就是欧美大国,也要怕我们三分。如果在海外还不积极提倡中国文化,让人家有计划地个别击破,那么将来只好任人宰割了。

依此类推,美国的中国城确是中国文化的象征。固然有待改进之处尚多,但大体而言,中国人能在美国各大城拥有自己的社会,这正表示中国文化的持续性与凝聚力。我们不但不应批评它,而且应当尽量维系它、支持它,甚至袒护它。因此,中国的知识分子,不应当和中国城只保持一种利用而又歧视的边际关系;相反地,中国知识分子应当向中国城学习,并且有义务直接参与中国城的重建工作。

三、文化两极的原因——适应与认同的分裂

上述的两派主张,都不免有偏颇之处,但是它们正好代表海外中国知识分子设身处地自我反省以后,所得到的两种互不相容的结论。中国当代外交家的典范蒋廷黻先生以及许多留美的职业学人,都曾提出过类似第一派的看法。华侨领袖,以及中国文化界的权威,则多半坚持第二派的观点。在这两派之间,尚有许多错综复杂的组合,可以衍生出三派、四派,乃至十数派不同的意见。这些意见,虽有层次高低的不同,但都环绕着两个最基本的争论点:(一)为了能够适应,务必放弃认同;(二)为了保持认同,不惜牺牲适应。

所谓"文化两极",实在即指因为"认同"与"适应"两个范畴的不相容性,而导致内部的分裂与矛盾。这些分裂与矛盾,使得拥有同一文化的自觉分子,采取了两条互相冲突与排斥的途径。结果,同是关切中国前途的知识分子,却表现出两种对海外华人的现况及展望完全相反的评断。在目前,能够分裂海外中国知识分子的力量,本来很多。例如,社会根源(台湾、香港、东南亚或欧美),教育背景(学士、硕士、博士;读书或教书),职业类型(理工或文法、任教或研究、经商或打工),以及政治立场,都是促使我们之间

互相猜忌、仇视乃至倾轧的重要因素。然而在表面上不显痕迹,将来在内部割裂中国知识分子,最深最大的危机还是文化自身的两极趋向。

事实上,这不仅是海外中国知识分子特有的问题,这确是中国现代化过程中每一阶段每一层次都接触到的大难题。如何吸收西洋的奇技淫巧,而不摧毁传统的价值系统?如何通过"中学为体,西学为用"的途径,找出一个接受西方洗礼而还能保持故国庄严的办法?如何采取全盘西化的权宜之计,以达到富国强兵的目的?如何提倡传统文化,提高民族自觉,以抵抗外来的侵略?如何加速工商业的现代化,而且同时加强历史文化的意识?从19世纪中叶以来,这些一直都是中国知识分子们最关切也最用心思索的难题。

百余年来,中国知识分子,一方面从局部适应(师夷之长技以制夷),到大体适应(西学为用),到完全适应(全盘西化);另一方面又从完全不顾认同(五四风潮),到提倡认同(抗战精神),到追求认同的开始(今天的海外知识青年)。在局部适应的时代,认同不发生问题;在大体适应的时代,认同变成了装饰品;到了完全适应的时代,认同又已经是过去的陈迹了。在五四时代,适应是绝对的真理;在抗战时代,适应变成了奢侈品;到了今天,在许多年轻人的眼里,适应简直跟亡国灭种一样的可耻。

提倡适应派三特色

回到前面提出的两派意见,主张"为了能够适应务必放弃认同"的第一派,大体有下列三点特色:(一)他们多少受到五四风潮的波及,对中国文化持着批判的态度,认为中国文化和现代文明是不相容的。(二)他们多半有较稳定的职业,而且他们的职业训练,是超国籍的,因此他们在美国的良好适应,似乎与他们的中国性毫无关系。(三)他们虽然也染上了一些中国人的习惯,但是除了口味以外,他们对美国的衣、食、住、行及娱乐都相当内行。美国本来是世界人种的大熔炉,交流其中也有怡然自得的生趣。

保持认同派三特色

主张"为了保持认同不惜牺牲适应"的第二派,情形就大相径庭了:(一)他们是中国文化传统的维护者。他们从来没有怀疑过自己是中国人。为了要做一个现代公民而必须放弃自己的中国性,在他们看来,根本是逃避现实的勾当。(二)他们虽然也有生活的保障,但是他们的收入并不高,职业的类型也不固定,而且多半和中国人的特殊营业有关。他们在美国的现实生路,就是他们的中国性。(三)他们对美国社会的衣食住行,都无法适应。他们偶然也赛马、跳舞,但是他们的习俗完全是中国型的。他们不愿意,也不能够被美国社会所同化。他们认为美国虽是人种的大熔炉,然而非高加索的少数民族,如黑人及波多黎各人,到如今还是熔炉外的渣杂,因而他们必须凝聚在一起另谋发展。

因此,海外中国知识分子的文化两极,乃是现代中国如何适应世界潮流,如何保持传统认同两大难题所引发出来的特殊现象。这种现象的特殊性,固然是近二十年来的政治环境所造成的,但它的全部意义,必须在中国现代化的大前提下才能显豁。

四、文化两极的批判

除了上述的两派主张,和由这两派主张的不同组合而衍生出的许多看法以外,还有一种,由少数知识分子所提出的观点。这种观点,既不偏重"适应",又不偏重"认同",而且也不只是适应和认同两大重心的均衡组合;它是站在另外一个层面,来思考海外中国知识分子的适应与认同诸问题的。

根据这观点,适应而无认同只是片断的假适应,认同而无适应只是虚幻的假认同,因为适应与认同本来指向同一真实,只是为了说明与分析的方便,才勉强割裂为两个范畴。主张"为了能够适应务必放弃认同"的第一派人士,表面上看起来好像能够把中国文化像包袱一样抛到九霄云外,然后从超国籍的职业训练(物理学、数学、工程、股票之类），昂首阔步地跨向世界人种的大熔炉。其实他们并不能适应美国文化的价值，他们的热忱也得不到美国社会的同情。他们终究会发现自己不但没有取得应得的报酬，而且失去了原具的美德。他们学会了美国人的侵略性，但是他们不能欣赏侵略性的价值内涵；他们学会了美国人的交易手腕，但是他们无法了解市场精神的庄严意义。这就好像他们侥幸地赢了几场球赛，但是对于球规却毫无所悉，因此只有在人家告诉他们"你赢了"的时候，他们才突然感到一阵欣喜。真正的适应不能只停留在社会习俗的层次，但是自以为能把文化像包袱一样抛掉的人，多半跳不出习俗性的适应。因此，他们虽然不屑与中国城的侨胞为伍，他们绝对不会放弃到广州楼或上海村去打一顿牙祭的机会。至于如何能保存中国人吃、喝、玩、乐的习俗而又能甘心情愿地做一个中产阶级的美国绅士，那就不是本文的范围所能触及到的了。

主张"为了保持认同不惜牺牲适应"的第二派人士，表面上看起来好像背负着中国文化的使命来到了美国，然后通过各种特殊的营业（餐馆、洗衣铺、家庭车衣店之类），一点一滴地把中国文化的信息，散布于美国各处的商埠，为世界人种的大熔炉添加了一些奇香异味。其实，他们并不能保存中国文化的认同。他们凝聚在一起，不是为了创造或重建中国的文化价值，而是因为茫茫人海，无处是归宿，只好像一些相濡以沫的岸鱼，为了延续生命，不得不

龙鹰之旅：从哈佛回归东海的认同和感悟（1966—1970）

团聚在一起。他们只要稍有办法，就会离开这块不屑告人的地方。将来即使再度回归，最多只是席不暇暖的过客，绝不会以中国城为永久栖身的地方。如果中国文化必须以现阶段的中国城的心理为代表，那么不惜牺牲适应，而去保持这种类型的认同，也就未免太悲惨了。

事实上，如果老的文化认同并不能引导我们去适应一个新的社会，那么我们又为什么要忠于这种虚幻的死认同，而不在适应生存的基本需求中寻找一种有血有肉的活认同呢？因此，真正的认同不能像鸦片烟一般，只能满足心理习惯的暂时饿渴，在最得意忘形之际表现出最无可奈何的丑态。"义和团的心理"对现代中国的影响，实在太可怕了。每当我看见某些中国城的热血青年的过激情绪与行为，我总觉得心如刀割。这不是现代海外中国华人的真认同，这实在是自取灭亡的假认同，甚至是变态心理的反认同呀！

但是，如果我们只能提出一些投机取巧的适应办法，对中国的传统文化，以及现代中国所面临的大问题，都没有任何较深入的见解，我们又如何能站在中国知识分子的立场，来批判甚至转化中国城里某些激进青年的价值取向？大体而言，五四以来的中国知识分子，对中国文化传统多半抱着批判甚至否定的态度。但是，这种为了追求富强不惜牺牲一切的精神，即使在国内曾经发生过效用，对于今天旅居于海外的中国知识分子来说,实在是很肤浅的权宜之计。我们现在如果再不对中国文化近三百年的思想潮流作一些较深切的了解,对中国现代史的紧要关头作一些较仔细的分析,对中国的精神价值有些真实的体验,我们即使可以僭取学人的雅号,实在没有资格自命为现代"中国"的知识分子。

相同地,如果我们只能激发一些妄自尊大的族类感情,为中国人打打气,对世界思想大势以及当前所处的环境都没有什么广度的认识,那么我们又如何能站在中国知识分子的立场,来攻击甚至改变学术界里某些适应专家的心理状态?大体而言,因为海内外的刺激,近二十年来中国学人,尤其是文史哲方面的研究员,对中国文化已逐渐从愤恨与仇视的心理转向于欣赏与宣传的态度,随之而起的是一种希望被承认,被接受,被推崇的欲求。这种想要在旬月之间为中国文化,特别是现代中国,一雪百年大冤的狂热,即使可以暂时为中国人出一口闷气,归根究底,不但毫无学术文化的意义,常常还会导引许多不必要的误会与反应。我们现在如果再不跳出狭隘的文化约束,再不从人类世界的立场来了解自己的处境,再不接受超国际的基本价值,我们即使念念不忘自己是个百分之百的中国人,我们仍旧没有资格僭取"现代"中国"知识分子"的头衔。

五、两栖文化刍议

所谓"两栖文化",是指一种以"认同"与"适应"的辩证发展为其内容的活文化。首先,我们必须指出,"认同"与"适应"并非该文化的两个属性,而是用来描述该文化的内在的创造性时必须假借的两个观念。因此,前文已提到,适应与认同"本来"指向同一真实。换句话说,认同而不能适应,或适应而没有认同,根本是自相矛盾的。因为,不能适应的认同,并非认同的本来面目。认同的本来面目,是有创造的作用的,它既不是装饰品,又不是目的物,而是活文化在自我呈现的过程中所显露的终极意义。没有认同的适应,同样地并非适应的本来面目。适应的本来面目,是有内在的机构的。它既不是应时又不是手段,而是活文化在自我呈现过程中所显露的当下形式。

作为现代海外的中国知识分子,我们不能只顾适应环境,以为经过了大熔炉的提炼,就可以很自然地嵌入"国际文明"的大机制之中,变成一个有用的世界公民。这种看法,不但是违反人性的,而且是不切实际的。同时,我们也不能只顾保存认同,以为中国人永远是中国人,虽然身处异地,如果意志坚强,总是可以突破难关,逐渐地排除外来的压力,苟全性命于外邦的。这种看法,不但不能为外国人士所接受,而且也与中国传统文化的涵容性不合。

相反地,我们应当面临认同与适应两极分化的危险,来作一个存在的抉择。究竟我们只顾做一个廉价的现代人,一个虚脱的中国人,还是一个为中国文化,为现代文明作见证者的现代中国知识分子?这实在是个非此即彼的抉择,没有任何中间路线可走。如果我们不愿意"自命不凡"(其意非骄傲和自大),那么我们不必了解我们在历史传统和国际现状两大洪流的交汇处所应扮演的角色。否则,我们不能不以平心静气的态度来分析这些问题,也不能不以任重道远的气魄来承担这些问题。海外中国的知识分子,究竟是否因为文化的两极分化,而永远不能凝聚成一股活生生的精神力量,还是可以从自己的反省和自觉为起点,终于开拓出一条通向两栖文化的康庄大道?这是我们的抉择!

(原载《联合杂志》2 卷 4 期,纽约,1970 年 2 月)

华裔青年跃动中的知识分子

一、前言:知识分子的行动性

正当少数在美国求学和教书的中国"知识分子"①想通过反省自觉的内在联系,掀起一阵海外中华的文化浪潮,在美国对中国前途诸大问题向世界人士发言的时候,号称文化大熔炉的美国自身,却因为越战及许多其他经济、政治和文化的因素,发生了一连串的

---

① "知识分子"是 intellectual 一字的意译,该字源于俄文 intelligentsia(亦即英文 intelligentsia 所本),代表一种具有抗议精神和社会良心的学人。本文则以"知识"作为智慧与见识二词的缩形,以有文化思想的智慧和有政治社会的见识来规定知识分子。因而知识分子不必出于学术界,更不能限于学术界。事实上,一个饱学之士不一定有文化思想的智慧,一个专家学者也不一定有政治社会的见识,而一个没有进过大学的人,却可能具备了上述的两个条件。因此,前两者都不能算是知识分子,而后者不能不算是知识分子。至于一个从来没有受文化陶冶的人能否有"智慧",一个从未表现社会良心的人能否有"见识",就不是本文的范围所能触及的了。

危机。中国旅美的知识分子,连自己的文化认同还没有得到合理的安排,突然又不知不觉地被卷入美国当前的群众运动之中。已是自顾不暇,又平添许多身心的压力,再加上因为美国不景气的现象日趋严重而受到失业的直接威胁,对大环境更感到茫无所知,对自己的将来更感到困难重重了。

在这大变局的过程中,任何一种展望都要随时接受修正,任何一种方案都不免无的放矢。但是,如果我们连目前的种种迹象都毫无所悉,那么不仅见微知著的智慧谈不上,就是最起码的展望也不能有,最粗浅的方案也不能提。除了闭起眼睛受命运的摆布外,实在找不出什么其他的途径来。当然,要想走出一条问心无愧的康庄大道,甚至只是明哲保身的羊肠小径,绝不是单单躲在书房里痛切陈词所能达到的。大家必须精诚团结,"以行动导引思想,以反省修正行动"才能拓展出新的境界。但是,我们如何才能精诚团结,如何才能有经过反省修正而又能导引思想的行动?

其实,了解的本身即是一种以精诚团结为基础的真行动。因为行动并不限于必须以体力直接参与的工作。撰文、会谈、讨论、辩解、演说,都是行动的具体表现。如果没有属于知性的行动——不是经院式的思考,大方向一定不会明朗化。如果大方向不明朗,所采取的行动很容易被当下的现实力量所左右,往往行动得愈激烈,离开理想的目标愈遥远。结果,侥幸者白白地浪费了精力,不幸者甚至牺牲了生命。这些严重的后果,是每一位行动领袖所推脱不掉的责任。

二、在美华人的特色

了解当前在美华人的①问题,不但是中国知识分子的学术职责,而且是每一个中国人的道德要求。虽然就人数而言,寄居在美国的华人并不多。根据非官方的统计约有30万人②,远比东南亚的侨胞为少。但是这一批人的教育水准、经济基础以及政治潜力

---

① 华人、中国人、汉人、唐人,这些名词究竟应当如何区分,这是一个相当复杂而且免不了掺入许多感情因素的问题。我私下以为,唐人是美籍华人的自称。如广东话,特别是台山方言称"唐话",中国城(Chinatown)称唐人街。汉人原是中华民族的大支,以别于满人、蒙人、回人、藏人及苗人等少数民族,因此带有种族的含义。然而在西方,研究有关中国的学问统称Sinology,并根据日文用译法译为"汉学"。中华民族既是以汉族为主的民族,偶尔也看到用汉人代表一般中国人的例子。中国人原是极普通的用法,但因为和"中国"——代表一个或数个特定的地域及政权——有密切的关系,容易引起误会。譬如一个拥有美国籍的华侨,通常不承认自己是中国人(Chinese),而自称美籍华人(American Chinese or Chinese American在美国华人或有中国血统的美国人)。基于这些原因,华人也许是最宽的用法(近年来也有人建议汉学应当改为华学)。不但新加坡的中国人可以称为华人,中国的回族同胞也可称为华人。也许这种用法还会碰着困难。华人问题或中国人问题的复杂性我很了解,用"华人"一词概括全体就算是权宜之计罢了。

② 在美华人究竟有多少还是个谜。希望1970年的户口调查可以获得一个较正确的数字。30万是根据美国官方现有的资料配合纽约及旧金山的实际情形所作的猜测。提起华人的数字问题,很容易联想到国际新闻刚报导印尼华人被残杀的经过:最少的数字是25万,最多的竟达到50多万。草菅人命这是实例,千万华人的生命价值究竟何在? 华人确是一批无告之民。

都是值得重视的。第一,不论在自然科学,特别是物理、数学、航空工程、生物与化学诸方面;在社会科学,特别是实验心理学、社会学与人类学几方面;在人文学包括历史、文学、艺术与哲学等科目,这批人将来对中华民族的教育前途都会有举足轻重的影响。第二,在美华人的经济基础究竟如何,当然还是一个没有经过探讨和分析的谜。但是,根据历史的事实,在美华人通过侨汇以及捐赠的方式,对中国内陆的农村经济乃至中国沿海的民族运动(如孙中山先生的革命)都有过显著的贡献。这批人士对中国的爱护和帮助,现在也许还不能赶上美籍犹太人(多半居住在纽约市)对以色列卖力的程度,但是,他们的平均经济水准比任何其他华人社群的都要高,他们的总合经济能力也比许多其他华人社群的要强。这是不容忽视的现象。第三,美国的华裔人士虽然在今天美国的现实政治中没有什么特殊的表现,并且因为人数有限,最近的将来也不可能有什么惊人的发展,但是他们对中美的外交以及国内的政潮都有极大的影响力。这自然和中华民族的前途有密切的关系。其实,在美华人的工作本身,也就是民族前途是否光明的重要指标之一。美国的交通便利,行动自由,因此消息传播极为迅速。由于在20世纪消息确是力量,在美华人因天时地利的关系,实际上比其他任何华人社会都拥有更多的"消息力量";加上这批人士的接触面广,活动性大,适应力强,以及对于历史得失和时局分析也较客观,将来应当在政治上对中华民族有积极的贡献。

可惜上述的三大特色——教育水准高,经济基础厚,政治潜力大——并没有使得在美华人凝聚成一股具有创造性的动力。相反地,在美华人竟顺着这三个范畴割裂成三个互不了解的社群。在《文化两极与两栖文化》一文中,我们曾以"中国城"为对象,描述了两种类型的价值取向——为了达到"适应"不惜牺牲"认同"的归化派和为了保全"认同"完全不顾"适应"的传统派,并且提出警告,认为由于最基本的观念和信念无法调和而导致相互敌视乃至抗拒的心理,实在是海外中国人目前所面临的最大危险。本文的目的则是想以华侨青年近年来的动向为中心,再对我们的切身问题作一些初步的探讨。

三、何谓华裔青年

首先我们必须指出,以下的讨论并非通过经验解析或实地观察所获得的结果,因而从学术的立场来看,它的有效性并不大。但是,在全面研究尚遥遥无期而各种困难又都已重重呈现的时候,一些透过反省的主观评断总还有些时限的价值,否则一切都无从说起了!

近年来,华裔青年因受美国少数民族(尤其是黑人)的民权运动以及美国学校青年(尤其是大学生)的反战抗议的刺激,逐渐地从散离的水珠汇集成一股颇有可观的湍流。但是,这股因为美国社会内部的动荡而涌现出来的湍流,究竟对在美华人有什么直接的影响,它和中华民族的前途又有什么特殊的关系?这是我们想要追索的问题。

让我们先把"华裔青年"一词予以理清。当我们用这个名词的时候,不自觉地已有主观的感情掺入其中,好像凡是属于这个称呼的分子都和我们"中国人"有某种亲密的关系。当然,华侨是侨居国外的中国人,华裔青年则是这批中国人的子弟;既然侨居海外的中国人是炎黄子孙,他们的子弟自然也就是同胞了。根据这个联想,"华裔青年"的问题无可置疑地即是中国人的问题。但是,如果进一步地去观察这一对象,我们立刻会发现所谓的"华裔青年"实在是美籍华裔人士的后代。除了血缘以外,不论以文化环境、社会背景、政治意识以及教育形态任何一面来归纳,他们都是地道的美国人:他们生在美国,长在美国,受的是美式教育,讲的是美语,关切的是美国的内政。因此,以往在检讨海外华人问题的时候,我们常把这一群看起来像中国人而一举一动都是美国人的"华裔青年"忽略了。我们甚至觉得他们既然是十足的美国人,他们不会在美国发生所谓"文化认同"的问题。这些推测现在看来如果不是错误的,至少是肤浅的。

四、在美华人的地位

中国人曾在美国受到各种类型的歧视——如居住区域和职业范围的限制,这不仅是不可抹杀的历史事实,而且在今天仍是极为普遍的现象。当然,这和19世纪的华工有很大的关系。这批从中国长途跋涉来美求生的同胞,在国内是无告的穷民,投落异乡以后连语言也不通,能够获得一个仅可餬口的饭碗已是万幸,更谈不上什么社会地位与人格尊严了,于是英语中,"He does not stand a Chinaman's Chance"(他连一个中国人的机遇都没有)就变为"注定失败"的成语。但是,这些一贫如洗的同胞经过几代的苦厄,不但创建了许多俗称"中国城"的华人社会,而且根据在美国的各种社会调查,他们的子弟(华裔青年)不论在智能、学识、体力还是一般课外活动方面,都与美国最杰出的少数民族——犹太人不相上下。这已是华人在美国的地位必然提高的明证了。加上近二十年来许多中国学人,尤其是自然科学家流亡美国,华人的公众形象更是大大地改观了。再因为近年来移民法案的修正,"美籍华人"已不是少数"选民"的"特权",而是许多中国人的归化大道了。

就在这由于适应能力的增强而使得华人参加美国中上层社会的机会与日俱增的时候,美国内部的价值转向——特别是前面提到的黑人民权运动与学生反战抗议,却又触发了"华裔青年"们的认同危机。以前只要能够被美国中上层社会的人士接受,甚至默许为同等就引以为无上光荣的华人,突然发现自己的子弟不但对美国中产阶级的价值,如郊区住宅及乡村俱乐部之类,并不重视,而且对自己穷毕生之力方才获得的这点"地位"竟也怀着敌视。不但如此,这批年青人还把他们的命运和在美国的黑人、印第安人、波多黎各人以及墨西哥人相提并论,甚至大谈联合以平等待我之弱小民族而共同奋斗的革命理想。

五、华裔青年的新适应与新认同

在我旅美七年的记忆中,华裔青年,也就是俗称的 ABC(America-born Chinese),和从港台诸地前来的留学生,以往并没有什么显著的感情交流。前者对中国的大势毫无所悉,后者对美国的大局漠不关心。加上彼此语言表达的能力不同,社交活动的方式不同,学问事业的趋向不同(虽然可以交换经验的地方很多),愿意谈心的欲求就很少了。换言之,留学生有适应的问题,更有严重的认同问题,而在华裔青年间两种问题似乎都不存在。

近年来,其实也就是 1968 年哥伦比亚大学罢课风潮之后,从西部的伯克利到东部的康桥,华裔青年随着黑人学生争取"黑人

龙鹰之旅：从哈佛回归东海的认同和感悟（1966—1970）

研究"（Black Studies）的例子，纷纷联络美籍日人，要求设立有关美籍亚洲人的研究课程（Asian American Studies）。同时步"黑色权力"（Black Power）的后尘，提出"黄色权力"（Yellow Power）的口号。一些较激烈的分子更效法学生运动中的极端派，由改造教育制度的局部要求扩展至打倒整个社会结构的全面革新，在旧金山、纽约的"中国城"大肆活动，所谓"义和拳"、"红卫兵"等结社，都是在这种心态下形成的。

本来既无适应又无认同问题的"华裔青年"，为什么在短短的两年之中不但和一般美国的青年学生相似，对美国的价值系统发生了基本的怀疑，而且更深一层地感受到种族歧视的威胁？前文已提到，根据实际的情况，不论从经济、政治、法律或社会任何一方面来说，华人在美国的地位近年来确实增高了许多（其他少数民族，特别是黑人的地位更有显著的进步），可是，这种点与线的局部改善已经无法满足华裔青年的"全面理想"（total idealism）了。他们发现：美国的私有企业，在军工大组合下早已成为教科书里的口号了；美国的民主制度，在大众传播的控制下已快要变成空洞的形式了；美国的自由平等，对少数民族来说也只不过是宪法中的虚文罢了。

也许华裔青年现阶段的困惑可以在美国社会本身的动荡中找到答案。据此类推，我们甚至可以假设这不过是美国少数民族要求较多权力的短期失调而已。但是,问题发生的原因常常不能解释其所导致的后果。譬如,黑豹党的兴起,确与黑人期望参与美国式生活的主流有关。但是,就现阶段的发展来观察,他们的目标已和他们之所以兴起的原因大相径庭——退出美国式生活的主流,寻找黑人的新认同,以改变甚至摧毁既存的美国价值。华裔青年发生适应与认同的问题,自然和美国近年来因在越南的军事行动而导致的经济紊乱和民心涣散有关,但是这批青年将来的归趋如何,却不是从美国内部的改变就可以预期的。因为当一股湍流形成之后,它即有了自己的力量,而这股力量的运动轨迹却不能仅从其发生的原因中求得。因为有相当程度的未知数,必须在其冲进的过程中才能逐一解答。

六、华裔领袖与留美学人的反应

一般来说,华裔社会对这批"蓄长发"、"喊粗话"的青年同胞不但不能谅解,而且也不愿去了解,对待他们就如对待一群因家教不好而溺坏了的野孩子,甚至就如对待一群受国际阴谋所控制的小鬼队。在以美国现有的物质文明为绝对价值的华裔社会里,对这批青年好像除了痛骂一场或狠打一顿外,就没有其他更好的教育办法。留美学人跟中国城已隔了好几重障碍,跟这群在中国城内活动的华裔青年更是风马牛不相及。他们觉得只要自己的子弟不上钩,绝没有浪费宝贵的时间去和这批"无聊的家伙"打交道的理由。在社会经济方面得不到"中国城"的支援,在文化教育方面得不到中国学人的导引,这群有热忱、有理想、有政治潜力的华裔青年将来究竟趋向何处,确是值得忧虑的大问题。

前面我们已经提到,在美华人虽在教育、经济和政治三方面都比许多其他地区的华裔社团有较好的条件,但是这些条件还不能使在美华人凝聚成一股具有创造性的动力。不但如此,而且我们看出来,在美华人竟顺着教育水准、经济基础和政治潜力三个范畴割裂成三个互不了解,甚至互相牵制的社群。根据这个粗浅的模式,我们可以对上述的问题作进一步的探讨。

简单地说,在学术界服务的华人——包括在学校和公司各层级服务的研究员及从业员——虽然有较高的教育程度和较多的知识能力,但是对中国城和华裔青年既没有深入的了解,也没有负责的关切。同样地,中国城的华侨领袖——包括各种会馆、公所、乡会的负责人——虽然有巩固的经济基础,但是对于有关社会文化种种大众教育的工作尚缺乏认识,他们对于上述华裔青年的支援那就更微不足道了。固然,华侨领袖重视学校教育,热爱祖国,但是他们对大环境没有分析和了解,因而人生的目标多半局限在狭隘的传统价值,养儿防老、恭喜发财之类。结果,学校教育变成了提高物质生活的手段,爱国热忱有时也变成了没有文化理想的自我宣扬。夹在有专业知识而缺乏社会良心的留美学人和有能力而缺乏政治意识的华侨领袖之间,青年华裔子弟们竟变成了在美华人中最受嫌恶的"三明治"。

这个窘境不能靠只有专业知识的学人,只有大批美钞的商贾,或只有政治冲动的青年来打破。单一的力量是不够的,惟有这三群人的精诚合作:由文化维系理想,由经济巩固生活,再由政治争取权利,在美华人才能从一盘散沙甚至互相煎逼①的窘境转化为一股具有创造性的动力。

但是,这三群人如何才能精诚合作呢?我们觉得在现阶段惟有借助知识分子的力量。所谓知识分子,既不代表某种职业,又不代表某种阶级,而是超职业超阶级的"自愿组合"。他们来自知识界,来自中国城,也来自年轻的学生,但是他们的视野不仅不受制于他们的社会根源,而且不局限在美国当前的现实形势。这批知识分子究竟如何产生,产生之后究竟代表什么意义呢?②

---

① 一家华侨报纸曾在社论中用"本是同根生,相煎何太急"的诗句来描写"土产华侨",也就是本文所称的华裔青年,与"国产华侨"也就是能够运用中文并且自称唐人的华侨人士之间的冲突(见《龙报》5月10日的社论)。

② 我们曾就这个课题举行了一次学术讨论会。这次讨论会约有150人参加,会期是今年的3月21日,地址是普林斯顿大学的美术馆礼堂,讨论的记录将由普大中国同学会摘要发表。

七、知识分子的产生及其意义

今天,在美国的华裔人士既然以教书研究、经商开馆和求学读书三大范畴为主,旅美的知识分子自然应该从这三方面产生。教书研究的知识分子,即是在学术界服务并且积极地应用其专业知识和一般常识,为了大众的福利参与社会工作以充裕文化生活的分子。留美的中国学人中应当产生这样一批有文化理想、社会良心和政治意识的知识分子。他们可以来自文科也可以来自理工科;可以来自学校,也可以来自公司;可以来自国际知名的教授学者,也可以来自初出茅庐的研究职员。他们的特性不在教育水准的高低处显豁,而在如何可善用其专才以发挥一般的效能处表现。

经商开馆的知识分子,即是在工商界服务并且积极地利用其专业才能和一般技能为了大众的福利参与社会工作以充裕经济生活的分子。旅美的中国商人中也应当产生这样一批有文化理想、社会良心和政治意识的知识分子。他们可以来自餐馆,也可以来自工厂;可以来自城里,也可以来自郊外;可以来自家有万贯的富商大贾,也可以来自小本经营的零卖贩子。他们的性格不由赚钱多少来显豁,而由如何利用其所处的特殊环境以协助一般环境的改善来表现。

同样地，求学读书的知识分子，即是一群不肯作自了汉并且积极地发挥其青年的动力性与理想性，为了大众福利参与社会工作以充裕政治生活的分子。华侨青年中事实上已经产生了一批有文化理想、社会良心和政治意识的知识分子。在现阶段，他们虽然多半来自学校，将来逐渐地一定也会影响其他行业中有血性、有见识的青年。这批知识分子的特征不在直接的抗议行为中显豁，而在负责任、有计划的革新运动中表现。

这三种新兴的知识分子虽然根源于三种不同的社会环境，而且分别在与他们直接相连的社会环境中进行着发酵的作用，但是他们的意义必须在更高（也就是更有概括性的）文化层面上才能凸显出来。事实上，也只有在文化的层面上才有超越职业类型、政治立场与社会背景的精诚合作，才有开拓新境界的力量，才有导引思想的真实行动。我们虔诚地希望在美国的华裔"学人知识分子"(scholar-intellectual)、"商人知识分子"(merchant-intellectual)和"学生知识分子"(student-intellectual)能够携手共进，为海外中国人打开一条在文化的面上有历史价值的大路来！

（原载《联合杂志》第3卷1期，纽约，1970年）

三年的畜艾

——为纪念殷海光(1919—1969)一个民族情感强烈乡土气息浓郁的自由魂

一

"七年之病,需求三年之艾。百年大病,最少需求三十年之艾。"一个批判传统儒家,并且痛斥"我族中心主义"的自由斗士,为什么要引用孟子的话来结束他对中国文化的评价呢?如果没有受到这个问题的撞击,我绝不会把前面那些散离的文章搜集发表。因为它们既不代表任何学术性的研究成绩,又不能形成任何思想性的问题方向。同时,我也不相信它们会对一般读者有什么特殊的好处。如果不是一连串的偶合,它们最多只是我个人在摸索的过程中,因受外界的刺激而引发出的一些叹息罢了!正像无数现代中国人的叹息,在人潮汹涌的大海里,似乎再也激不起什么浪花了。像这位最近逝世的自由斗士,他一生想作番惊天动地的学术事业,在逻辑,在思想方面为苦难的中国青年学子们打开一条能够安身立命的大道来。可是他毕生的精力竟浪费在争取孤单的"发言权"上:在别人是与生俱来的,像空气和水一样廉价的日用品,在他却是绞尽了脑汁,流干了心血,腐蚀了胃囊还争取不到的幻影。凡是稍有幽默感或者懂得洒脱的人,都不会去做这种"损人而不利己"的傻事。一个太过庄严,太渴求真诚的人是会招来杀身之祸的:在虚伪黑暗的社会里,光明除了会呈现丑恶,惹些不必要的麻烦外,实在没有什么用处。

但是,每一个时代都有一些特殊的信息要传给永恒的人类文化,知识分子的任务就在如何不折不扣地把这些信息传递出来,体现出来,证验出来!于是,争取发言权变成了知识分子的天职。如果在逻辑思考的外衣里没有一股诗人的真性情在其中跃动着,这位自由斗士绝不会变成时代的见证者,最多只是位学术界的名流罢了。从现实的尺度来衡量,名流既可享盛名,又可以受到生命和财产的最大保障,而时代的见证者多半在潦倒中默默地死去。他们不但得不到社会的支援,恐怕连最低限度的同情也不会有。可是在人类的潜意识里,名流往往像浮光掠影般瞬刻间就流散了,时代的见证者却像一株四季常青的古松愈来愈劲直了。名流只会引起我们一时的起哄,而时代的见证者却常常会震颤我们的良心。

龙鹰之旅：从哈佛回归东海的认同和感悟(1966—1970)

因为这个缘故，我突然觉得前面那几篇不够学术水准的东西实在象征着某种一时还无法言喻的精神。可惜几年来这种精神在我只是若隐若现——有时像一团烧遍全身的猛火，有时又仅是一粒灯油将尽的火种。如果再没有下定决心的勇气，理性的自省有时反而变成了懦弱的借口，结果在迟疑中浪费了许多宝贵的创造活力。运思及此，不觉对那位受尽心理压迫而还能不断地用正楷方块字经年累月地写文章的知识灵魂起了一种由衷的敬意。除了把自己在同等关切下流露的心血奉献出来以外，还有什么更好的纪念方式呢？

二

中国近代的知识分子，自严又陵、康有为、梁启超以降，在推动中国现代化运动和历史性的变动上，无论是直接或间接，多多少少有所贡献。到了五四运动，这一发展到达一个新的高峰。从清末到1949年为止，就我们所知，中国知识分子对新知识的灌输、新思想的介绍、新观念的启迪、新制度的推行、风俗习惯的改革，都表现了罕有的热诚和高度的锐气。中国近代和现代的知识分子，在近代和现代的中国历史的舞台上都曾扮演过新时代催生者的重要角色。然而，曾几何时，面目全非，斯人憔悴！于今，一部分知识分子飘零海角天涯,一部分知识分子被穿上紧身夹克,一部分知识分子过着寒蹙淡漠的岁月。这是一幅秋末的景象。凉风起天末,草枯木黄,无边落叶纷纷下。只有几片傲霜叶,高挂枝头,在寒风里颤抖,任漫步怀古的诗人悲吟!

中国知识分子是失落了!

去年(1968)在夏威夷举行的第五届东西哲学家会议,以"疏离"一观念为论争的主题。会期共有五周,分别以心理的、社会的、政治的、宗教的和哲学的五层疏离为五周的讨论主题。当代中国知识分子的失落正可以透过这五层疏离的分析模式来了解。

所谓心理的疏离,实在表示一种内在认同的分裂。换言之,就是知识分子的自我形象已经散乱了,破碎了——他不但不能在知识的领域里寻找到安身立命的地方,而且必须从非知识的范围如金钱和权势里去寻找价值的归宿。结果,知识分子自己反而变成最轻视和最仇视知识的俗人。他们有时甚至不惜出卖知识的灵魂向商人或官僚集团换取一些微不足道的"钱"与"势"。当一个知识分子完全失去了自信时,他很容易变成一个自暴自弃乃至利用权谋来摧残同道的知识敌人。这不仅是自杀心理,而且是一种同归于尽的变态心理!

社会与政治的疏离和心理的疏离属于两个不同的层面。前者表示内在认同或自我形象的分裂或破碎,后者则可以从各种类型

龙鹰之旅：从哈佛回归东海的认同和感悟（1966—1970）

的"群己脱节"来了解当代中国知识分子的处境确好似一堆无根的浮萍。与家庭脱了节，与经济来源脱了节，与社会基础脱了节，与统治构建脱了节。当"知识分子纷纷变成脱节人"以后，内在的联系只是一些言不及义的空谈，真正的生命力都用在非知识性的追扑上了。于是，知识分子成了一种寄生式的职业：或取法商人扮演着文化买办的角色，或投靠军政势力扮演着师爷幕友的角色，甚至效忠异国甘愿扮演着情报贩子的角色。

宗教与哲学的疏离属于文化层，表示与历史传承与精神价值的脱节。当代中国知识分子的思想，不论是科学主义、自由主义或激进主义，都是一种毫无性格的拼盘思想。历史传承既已割断，精神价值不得不借助外缘。可是当传统文化的标准完全被抛弃以后，借助外缘的选择能力也随着丧失殆尽了。知识分子的动源一枯竭，学术研究变成了考据游戏，没有宗教的关切，也没有哲学的智慧，只剩下一些只宜束之高阁的档案。二十年的民族大变，竟没有产生一部可歌可泣的巨著。这是文化疏离的结果！

难怪那位悲吟的诗人要深深地叹息："中国知识分子是失落了。"我很了解以上的讨论并不能把那片"高挂枝头，在寒风里颤抖"的"霜叶"精神烘托出来。确实，受尽"疏离"的蹂躏还去不掉"傲"气的灵魂，在今天已是凤毛麟角了。

三

当代中国知识分子最欠缺的实在是一种基于道德勇气的批判精神。知识分子因受学术专业的熏陶,本来拥有较其他社群更丰富的"消息力量"。但是,这样的力量是无色彩的,可以为各行各业所利用。如果知识分子不珍惜"消息力量"的独立性及领导性——即一般所谓学术界的主动性,反而用它去依附现实的权势为少数的特权人士而服务,那么知识分子不但不代表社会良心,反而直接或间接地参加了反社会公义、反良心理性的活动。

"不可不弘毅"的儒者,也就是传统中国的知识分子,本是以基于道德勇气的批判精神来唤起民族灵魂的。弘扬儒学而不能体认到这一层,等于是做画虎不成反类犬的勾当。固然,儒家该忠孝,但是儒家的忠孝绝不是对现实权势尽忠,对一家一姓尽孝。"平时袖手谈心性,临危一死报君王"是腐儒的行为。真儒像孔孟,只对人格的尊严和人类的永恒价值尽忠尽孝。因此,孟子"为王者师"的气魄就可以表现为海瑞骂皇帝的精神,孔子"成仁"的终极关切就可以表现为文天祥绝不甘愿作亡国奴的存在决定。

近年来,儒家这种以天下为己任的真血脉,已经被一批像厘定朝仪而洋洋自得的叔孙通或曲学阿世而荣华富贵的公孙弘之流所

龙鹰之旅：从哈佛回归东海的认同和感悟（1966—1970）

切断。于是，稍有思想的青年学子多半逃进科学主义去做自了汉，对于天下国家的大事也就像井底之蛙一般受到先天的限制只能不闻不问了！

儒家的真精神必须在人格相辉映的多元社会里才能彰显。因此，把儒家定为一尊的汉武帝却在政治上任用法家权术，在信仰上迷信神仙方士，结果孔子的批判精神随着司马迁的叹息而消散了！我们如何能把后来《白虎通》的三纲五常捧为儒学真传？那是认贼作父般的愚昧。事实上，儒家和专制政体是不相容的，就连董仲舒的"对策"也内含强烈的批判精神。至于宋明大儒，更是人人皆在政统和治权以外另树一个"为天地立心，为生民立命，为往圣继绝学，为万世开太平"的道统。譬如光风霁月的周敦颐以在庐山的莲花峰下作"立人极"的工夫（也就是从体验哲学上建立人性的尊严）为终身事业，就根本不把政权放在眼里。张载早年喜看兵书，和"先天下之忧而忧"的范仲淹一席谈之后就改习《中庸》。他的《西铭》是一篇向人类全体尽孝的不朽名著，前面所引用的"立心、立命"一段也是他的杰作。像有这样大气魄的真儒，哪里会趋炎附势，事奉权贵？

另外，像以天地万物为一体的程明道，以"王者师"自居的程伊川，以道统自命的朱熹，以及把宇宙事当作自己分内事的陆象山，都是要在皇权政统之外建立一个文化学统以作为价值根源的大将。至于提倡"知行合一"和"致良知"的王阳明,因为深受专制政权的迫害,更进一步地把文化理想通过普及教育深入社会民众,从根本处转化民族的灵魂,于是,王龙溪、王艮、李贽或何心隐所代表的王学,便成为明代批判精神的主流。到了黄宗羲和王夫之的时代,儒家的抗议之笔更是直刺专制皇权的核心。顾炎武的"天下兴亡,匹夫有责"即象征在儒学陶冶下的知识分子超越专制皇权直接负起了承担天下的重任。这是何等胸襟,何等气魄!因此,我们不难了解为什么清朝大皇帝在圣谕里标榜儒学的时候,真正有良心理性的儒士却躲在穷乡僻野里著书立说,而大谈"圣学"的只是一批招摇撞骗的应声虫。

我写这几段文字无非想说明一个明显的事实:真正的儒者是一个有道德勇气而且能发扬批判精神的知识分子。在口头上宣传孔孟之学而不能履行这个条件的,最多只是假儒;在行为上证验这种精神而只在口头上痛斥儒家的,至少在潜意识里还是一个真儒。

我们如果不能分辨一个批判儒家的人究竟在批判哪一种儒家,以及一个赞美儒家的人究竟在赞美哪一种儒家,那么,我们不但在知识上对不起历史上的大儒(这还值得原谅),而且在道德上对不起近在眼前的真儒(那就太可悲了)。其实,一个有社会良心的自由斗士可以大呼"理学废物",而儒家的真精神不会死亡。但是,如果一群没有道德理想的趋炎之士竟不停地高唱"孔子万岁",那么,儒家的真信息恐怕就一时无法传达出来了。

四

……而且,近二十年来,有些人士有意以修筑泥沼为职志哩!他们自己泡在泥沼里取乐还不够,并且拉人在泥沼里一齐打滚;弄得大家昏头昏脑,不知今日是何世!实实在在,我们的心灵需要多一点的成熟。然而,成熟的心灵竟是这么少!

在这样的背景下,我独自出发来寻找出路和答案。当我出发时,我像是我自己曾经涉足过的印缅边境的那一条河。那一条河,在那无边际的森林里蜿蜒地流着。树木像是遮蔽着它的视线。岩石像是挡住了它的去路。但是,它不懈怠,终于找到了出路,奔赴大海,和百谷之王汇聚在一起。现在,我发现了自己该走的大路。我认为这也是中国知识分子可能走的大路。我现在看到窗外的蓝天、白云的舒展,和遥远的景色。

知识分子最大悲哀就是看不到窗外的蓝天,呼吸不到新鲜的空气,因为看不到蓝天的知识分子很容易被局限在"感情的浮岛上面",结果表现出一种局促不安的暴戾之气;呼吸不到新鲜空气的知识分子很容易丧失掉良心的敏感性,结果变成一种麻木不仁的知识贩子,也许应当说是"愚昧"贩子!当暴戾之气弥漫学界、愚昧贩子充斥学府的时候,青年学子就一届一届地被牺牲掉,知识分子也就"像朝露般地消失在广漠的时空里"了。

我常想,为什么一个充满了浮士德精神的心灵,经过几十年的苦斗还不能在知识的领域里挺立起来,真正接上罗素、波普尔(K. R. Popper)和哈耶克(P. A. Hayek)的学术大殿?其实,了解这三位哲人并不是太困难的事。从某个角度来观察,他们实在代表第二次世界大战以前的自由精神,而且他们的言论中有很大的一部分也已经褪色了!当然,这可能只是个人自身的限制:诗人的火热和哲人的冷静常是不相容的。一个想要通过逻辑来传达时代信息的狷介之士,一失足就会坠入两难的窘境之中。这种解释或许能为一般人士所接受,但是还未能接触到问题的核心。

其实,罗素、波普尔和哈耶克都同时兼有专家学者与自由斗士两种性格。前者表现在纯属理智思考的哲学创作上,后者则表现在文化性的时代批判与政治性的行动抗议上。他们或在恬静的乡村别墅中著书立说,或在繁荣的世界都会里评论时政;退可以传道授业,进可以振奋民心。在英国的君主立宪式的民主制度下,知识分子,尤其是他们这批贵族型的自由哲人,真是如鱼得水,如鸟翔空。但是,在一个"荒芜而又枯干的思想和学术的原野"里,一个有理智兴趣而又满怀理想的学人能做些什么呢?在无法亲师取友的书房里,他只能闭门造车,写些介绍性的通俗文字;在无法高谈阔论的人群中,他也只能佯狂一番,说些声东击西的"微言大义"。

我们实在不应该苛责这位在罅隙中求长进的知识分子。他所开垦的田园虽小,但是能在"荒芜……的原野上长出新绿的草"已是奇迹了。

五

知识分子固然与专家学者不同,但是他们和学术界却具有血肉相连的关系。知识分子如果完全脱离了学术界,他们的立论必然会失去客观的妥当性;知识分子如果常提出一些毫无客观性的言论,他们在大众心目中的"基本信赖"就会逐渐消失。结果,知识分子变成了"文化人",和互相轻视的无行文人并列在一起,同属专门写刻薄文章来维持生活的职业墨客。知识分子经过了这三千丈的大坠落以后,只有气息奄奄地等待命运的摆布了。同样地,当学术界的人士完全和知识分子绝缘后,学术界就成为与社会毫无关涉的象牙塔。如果学术界不能拥有影响大众、教育大众和导引大众的消息力量,学术研究即变成无用的废物,研究的动源接着也就枯竭了。

知识分子是一群有智慧有见识的行动学人,他们可以来自社会的任何一个阶层——农、工、商、军、学、政。因此,有农业界、工业界和商业界的知识分子,也有军界、学界和政界的知识分子。但是,知识分子的职业尽管不同,他们的社会关切则是一致的——通过基于道德勇气的批判精神,以负责的言论和实际的行动拓展"集体意识"的领域,增进现实存在的合理性,并充裕大众的文化生活。

"基于道德勇气的批判精神"前面已经提到过了。批判是属于理智的活动,本来可以只停留在认识的阶段,但是以道德勇气为基础的批判,必须要经过由知到行的"跳跃"。因为道德勇气必含着一个特定的行动方向,而且必然导致某种行动的结果。但是,知识分子的参与精神不一定限于直接干涉的范围。其实,争取发言权是知识分子的天职,不过知识分子所发的言是有物,也就是有所实指之言,和纯理论的观念构建以及毫无根据的宣传都大不相同。

因此,知识分子的言语和行动必须超过职业、年龄、性别和籍贯的"地方主义",俾便在心理层拓展大众全体对天下国家的共同了解和关切,在社会层改进政治及经济的现况,在文化层提高哲学、文学及艺术等心灵活动在大众生活中的地位。

尽管如此,知识分子和学术界必须保持最紧密的联系:从根源性来看，学术界是培养"职业知识分子"（professional intellectual）的最佳场所；从实际情况来看，农、工、商、军、政的知识分子都和学术界有直接的关系；从理想性看，学术界比其他集团较能彰明知识分子的本质。

但是，知识分子不能仅栖身于学府，他必须通过学术和整个时代连接在一起。根据儒家的传统，学校本是养士的地方，也就是要培育有经世之才的知识分子。这和西方中世纪以纯学术研究为宗旨的经院学统很不相似，和今日美国大学的新趋向却有不谋而合之处。其实，中国知识分子的抗议运动并不始于五四的爱国游行，也不始于康有为的公车上书，或者晚明的东林、复社和几社，甚至不始于东汉的太学生。因为中国知识分子的批判精神早在孔孟周游列国和墨子不惜牺牲性命以防止侵略的时代就已大放光明了！中国学术传统的主流，即表现在这种知识分子的批判精神上。

"读圣贤书所学何事？"对中国知识分子而言是一个指向终极关切的大问题。读书人在膂力、气力和势力方面都不会有什么特殊的表现，但是在学府里通过一些撞击——也就是人类心灵的交互影响之后，他的历史意识增强了，文化理想提高了，分析现实的洞识也加深了。这种强度、高度和深度的发展，使得一个读书人和他所处的时代发生了一种紧密的辩证关系：他一方面通过知识的反省对所处的时代有了超越时空限制的体认（体认的本身当然不能是超越时空的,但读书人因为有历史意识和文化理想两种开拓心境的修养,对时代的体验可以超越他自己所在的时空),因此,他可以站在较客观的立场来批判所处的时代。另一方面,他又自居为时代的发言人,并自命为时代的见证者,因此,他又必须把自己的内在生命和时代的脉动连在一起。这也就是为什么知识分子既不能作盲目的宣传家,又不能作极端的煽动者——他的批判必须是良心理性的批判,他的改革必须是道德勇气的改革。

六

近年来,因为旅行的机缘,参观了一些著名的大学,包括英国的牛津、剑桥,法国的索邦,荷兰的莱顿,德国的弗赖堡,奥国的维也纳和日本的东京及京都。我深深地感到这些大学都正进行着一种质的改变,和美国大学如哈佛及伯克利的情形极为相似。这种世界性的学潮,不能仅从经济失调、社会变迁和政治革命三方面来观察,虽然从这三方面都可以提出相当合理的解释。除了经济、社会与政治的问题之外,我们绝不能忽视价值系统的基层动摇以及文化思想的根本转化。

青年学生们所要求于学术界的是"关联"(relevance)、"参与"(engagement)和"转化"(transformation),即是和整个社会,尤其是

龙鹰之旅：从哈佛回归东海的认同和感悟（1966—1970）

社会上的重大问题直接地连贯起来，进而参与改革运动，以转变和化除现有的不合理性。记得我在1962年9月初到麻州康桥的时候，曾看到一本美国政府向外籍学生介绍美国大学一般情况的小宣传册。其中有一段提到美国大学生的课外活动说，他们多半对政治抱着漠不关心的态度。可是当我在1967年再度游美的时候，从西边的伯克利到东部的康桥，处处都已呈现出极端的行动主义（activism）。再经过1968年哥伦比亚大学的罢课和1969年的华府示威，美国的大学生已被激进化了（radicalized）。也就是对美国的整个控制制度发生了批判的关涉。在这里我们暂且不去探讨这种改变的原因，而只把这一现象和我们上面提到的知识分子作一些初步的连接。

如果美国、欧洲及日本的大学生，从学府走入社会和走向政治确实代表一种世界性的新潮流，那么最近的将来，我们不难看到一群超越地域、职业、种族甚至超越国籍的知识青年，决定从爬满了常春藤的中古建筑走入工厂、农村乃至贫民区，并走向军工企业和政治权威，去宣扬他们的理想主义。

事实上，他们的理想主义带着浓厚的人文色彩，和康有为的冲决网罗以打破各种限隔的精神很相似。因此，我们对所谓的"新左翼"（New Left）、"嬉皮"（Hippies）、"雅皮"（Yuppies）、"妇女解放"（Woman's Liberation Front），以及学生运动诸集团的分子，都不能仅从容貌和表面的行为来判断。譬如一个披着长发、留着胡须、经月不洗澡的真"嬉皮"（不是嬉痞或习癖），根据外观他很可能被判定为一个游手好闲的无赖，可是如果和他深谈以后，我们不难发现他的行为实在是经过反省的抉择。他不仅有一套人生观，而且对于最近发生的国际大事也有些特定的看法。也许我们不能完全接受他的观点，对某些问题他确有洞见，但是我们必须承认他是一位有关切、有体认的社会抗议者。

在今天的欧美社会里，青年人的动态实在太大了，这正象征着一个开放社会的弹性。当然，太开放的心灵会导致一种"认同扩散"（identity diffusion）的危机，需要内在的收敛工夫。这个问题我们现在不能深谈。相反地，我们今天所面临的危机，却是一种封闭的心灵。封闭的心灵最需要外来的激励。因为心灵被封闭后，敏感性就逐渐递减，时间一久恐怕连最后的半点灵性也会被麻痹掉。在这期间，必须仰仗崭新的消息力量，就像医生有时要靠强心剂来恢复心脏的机能一般，把逐渐失去知觉的封闭心灵重新振奋起来。但是，我们必须了解，如果外界的消息力量来得太多太忙的话，对封闭的心灵不但无益，反而有害。这就像心脏病患者因为服用了过量的强心剂，反而把微弱的机能完全瘫痪了一般。因此，如何善于运用外来的机缘作建设性的批判以达到自立自强的目标，即成为封闭社会的知识分子们权衡轻重的大关键。这不禁又使我想起那位被逐出学校大门的文化英雄,如果他黄泉有知,他会对欧美的学潮这一现象说些什么呢?固然通变常是懦弱的表现,但是我们不能忽视了"可与共学未可与适道,可与适道未可与立,可与立未可与权"这段话的智慧。

七

《在学术文化上建立自我》是我近年来写得最快,最草率,最失败,因而引起误会也最多的文字,但同时也是我私下最珍惜的一篇记录。其实,我当时想要传达的信息很可以由下列这段话来说明:

>……从事社会文化的创建,正同从事一切根本之图一样,收效是比较缓慢的,但确会宏大。让一切短视的现实主义远离我们。我们应须走一条沉长的路。这一条远路以外,别无近路可抄,也无近功可图。曾国藩说,"天下之事,有其功必有其效。功未至而求效之遽臻,则妄矣。"……

讲这段话的知识分子已在200多天前瞑目了,但是他所指出的"根本之图",至少需要两三代中国知识分子的共同努力才会逐渐呈现出来。没有长期的积累和广泛的基础,学术文化的创建工作好像杯水车薪一般，完全无济于事。但是，如果我们因为困难重重而不肯花费工夫，那么，反知识非文化的野火就会继续扩展，直到把一切既有的成绩都烧成余烬为止。

学术文化的工作固然可以用逆水行舟不进则退的成语来比喻，但是事实上学术文化的"不进"，其后果要较退步更加严重。因为一般性的暂时退步总还可以靠后劲补足，而学术文化的退步常会引起覆舟的危险，以致使一个民族落到永无翻身的地步。凡是到过埃及或希腊凭吊古迹的知识分子，都不难想象存放在大英博物馆陈列室里的雕刻和直接反映当时文化生活的艺术品之间的分别。一个民族如果只能在存放千年古物的博物馆里才感到自豪，那该是多么可怜的处境。

学术的创建必须从去除浮华和崇尚实务着手，但是，当我们大声疾呼"去除浮华，崇尚实务"的时候，我们又自觉或不自觉地离开了学术的岗位，站在非学术的立场来宣扬学术工作的重要性了。当我们把精力花费（有些朋友干脆断言为浪费）在这些激励人心的行动上，自己的学术工作就会受到阻碍，阻碍一多我们就在无形之中被逐出了学术的大门。譬如，一生想要从事于研究逻辑的人，如果把太多的工夫花费在非科学的政治抗议上，他的逻辑学就一定无法深入学术界的堂奥，甚至连基本的学院水准也达不到。这是一个残忍的事实，也是任何一位置身于学术界的知识分子所不能忽视的事实。

学术界有其内在的逻辑性,凡违背这逻辑的知识分子,都无法被学术界所承认。固然,许多领导时代的伟人和学术界并无关涉,许多形成思潮的哲学家也和学术界只保持边际的关系,许多创造文艺的工作者甚至逃离学术界,主动地和它保持一段距离以培养自己的想象力。领导时代的伟人、形成思潮的哲学家以及创造文艺的工作者,都不必和学术发生什么紧密的联系。但是,如果没有健康的学术界,复杂的教育结构就会倒塌,既有的文化成绩就会沦亡,结果,整个价值系统也就会面临崩溃的危险!

表面上,学术界的工作对"利用厚生"并没有什么显著的贡献,"书生之见"常是学术或非学术人士讥笑读书人不懂政治的成语。好像任何蕴藏在典籍里的"正德",只要离开讲台,离开教室,离开学校,就变成了一种自我陶醉的理想主义。但是,学术界拥有知识和道德的力量(虽无近路可抄,也无近功可图),是一个国家能否取信于民的枢纽所在。凡对"民无信不立"一语的含义有所了解的人,都不会忽视这个机构的重要性。

八

一个人的精力本来是有限的,一个现代人因为接触面广,行动性大,其精力更是有限。而一个现代的中国人,一方面受到生活的煎熬,一方面又受到心理的迫压,再加上体质的先天不足和营养的后天失调,其精力就太有限了。一个现代中国的知识分子,又用什么精力来从事终身不断的学术工作,并且"冒悲剧性的危险,不逃避,不诡随,把自己所认为正确,而为现实所需要的知识,影响到社会中去"呢?

当我眼睁睁地望着现代中国的知识分子,或为了一碗饭,或为了一张纸,或为了一句话,而一个一个倒下去的时候,我禁不住像那位开放的心灵般发出了一些微不足道的叹息。但是,我深深地体认到自己所向往的"蓝天",和那位疾风中的劲草大致相似。也许我是侥幸的生还者。无论如何,只有把对过去的悲戚转化为道德的及知识的浩然之气以后,我们才会把握现在,才能策励将来。孟子说:"今之欲王者,犹七年之病,求三年之艾也。苟为不畜,终身不得。"三年只是一个开端,我们每个人都需要立下三十年的大志:

> 首先,我们在从事这一金字塔式的工作时,我们的胸襟必须是"为万世开太平"而铺路。我们希望透过自由文化的默运力,中国终于能够消解目前的种种暴戾之气,而出现一个重道德,有自由,行民主的景象。就知识分子来说,还有什么事

龙鹰之旅:从哈佛回归东海的认同和感悟(1966—1970)

比这更值得做?还有什么工作比这更巨大?还有什么境界比这更开阔?照我看来,将我们的才智和努力放置在这一背景之中,我们就会觉得人生有了意义,人生有了价值,人生有了确实的目的。

(编者按:本文是作者为纪念1969年去世的殷海光先生而作。鉴于当时台湾政治局势,作者没有明指殷先生,所引殷先生的话也没有注明出处。)

附　录

留美学生不可狂妄自大,不可乱写中文文章

——以《在学术文化上建立自我》一文为戒

陈张素珍

大学杂志第三期《在学术文化上建立自我》一篇,题意很美,但是细细读了,很失望。作为一个女读者,更有不满。文章开首主张知识分子不可学无专长。我却想到苏格拉底,这位知识分子的祖师,似乎没有什么专长。在今天 Experts(专家)与 Professionals(专业人员)泛滥的工业社会中,苏氏的现代意义便在使人能怀疑、能超越自我的专业架锁。孔夫子也没什么专长,论起专长,他自愧不如农夫和园丁,可是该文作者似也尊奉孔子为知识分子。说到我们女人,我们当中也有不少知识分子,我们也关心你们男知识分子操心的许多问题,可是我们成天忙着家务,实无专长。养孩子的专长,大概不是你们男子中如该文作者所云的专长,因为连母性都只是本能不必靠长期的专业训练。或许你们不大瞧得起中国的女知识分子,那么看看别国的吧。M. Mead 是女人类学家,她对

婚姻、性、生育等等都有卓见,甚至拍摄她本人生殖孩子的科学影片。不能因为她是女性而否认她是知识分子,她自然是学有专长,一流的人类学专家。再举一个"无"专长,但是影响当代思潮更大的女知识分子,法国的 Simone de Beauvoir 女士,存在主义的大思想家,与沙特齐名并终身相爱,而拒行婚礼的文豪。她思想的渊博,见解的卓越,使她的著作已译成十二种文字,美国大学的参考书中不会缺列她的书,可是,de Beauvoir 女士并无专长。

除了领袖之外,还要有群众,才成社会。上列大师们是领袖,那么我们这些家庭主妇中的知识分子,可算群众了吧?即如贵刊,如果只有作家,而无广大的读者群,也不可能成一份刊物。我们自愧没有苏格拉底、孔夫子、Mead 与 de Beauvoir 这些人的成就,我们女人却也是热心追随努力向上的知识分子。我们将知识分子的价值、理想等等,在家庭中保持下来,灌输给下一代。有什么应挨骂的地方呢?

本着贵刊不骂人的好意,我也不提该作者的名字。文章题目不得不提,读者们请不必去查翻上一期他的名字。因为凡我要批评的都已引注在这里。总之,批评的对象是文章。批评的动机是想劝留美学生不要妄自尊大,乱发议论。以免在台湾的读者心目中弄坏了留学生的印象。台湾的水准不低,留学生应警惕!尤其想到我国总是重视留学生,他们的影响力那么大,更不能不提出检讨。

贵刊台湾作者的好文章便远为清楚、明白,讲理也讲得好,又言之有物。此文的动机是好的,像他提出"隔离的智慧",大概是英文书上看来的。"Disinterested concerns","Disinterested interest"吧? 的确可以深谈下去。可惜,作者没有自己的思想,所以并无发挥,于是,中文读者怎么摸得透他的"隔离的智慧"。基本上,贯穿全文的两大缺点是:

1. 作者虽标榜"分析精神和自我反省的能力",可是作者偏偏缺乏这"精神"和这"能力"。所以,才分析不清楚 intellectuals 与 professionals 的关系。原来两者有 over-lapping 的关系。比如贵刊既是文化事业又是财团法人。谁敢主张财团法人都要是文化事业? 真有这样的主张,我外子的公司只好歇业了。他又说什么"客观的理论基础",也是不通的。现代讨论问题而略读哲学的人,都知道"主观"(subjective)与"客观"(objective)不再能那么黑白对分了。所以有人不用 objective,改用 inter-subjective。前几年台湾香港等地的中文书刊上有"互为主观"的译法。虽未必能流通,但可见中文读者并不落后。即使,退后几十年,用"客观"也可以,用"客观的理论基础"却不可以。我只听说过"客观的事实","客观的经验","客观的分析"。什么是"客观的理论基础"?

最要命的,还不是作者的乱堆名词,而是他讲道理的时候。举

龙鹰之旅：从哈佛回归东海的认同和感悟(1966—1970)

一段，作例子："……只有如此（指分析精神与反省能力），健康的学术界才能构造起来，知识分子才有栖身之处，才能获得真正的发言权。"这一串如果是中学生练习簿上做做文章应付老师是不妨的，公开发表便应受批评拷问了。你何曾见过一个学术界是凭空构造起来的？实际上，得靠社会的需要感，经济的供养，文化上许多条件的具备，和个人的坚毅热诚，再加上逐步"trial and error"的方式，"发展"起来的。单凭"分析的精神"加"反省的能力"，是"构造"不起来的！第二，知识分子可以"栖身"的地方很多，有一位希腊的哲人栖身在木桶里，中国的圣贤逃隐到高山深谷去，中古深思的人常住在寺院内，至于我们的大儒静居在家宅、书斋、祠堂或书院的情形更不必说了。我们家庭主妇们在美国是很忙的，上班是专业，为赚钱养家，至于我们之知识分子一面的发展却靠公余回家或休假时的阅读与叙谈。所以，专业的学术界只是"栖身"的千枝万枝中的一枝罢了。第三句，也是衔接不上的："才能获得真正的发言权"。他虽讲不清，我们猜想他指"公开的"、"有影响力的"发言权吧？我只举 Eric Hoffer，他从未栖身在学术界，他作过铁道工人、夜班清扫夫、记者、伐木樵夫。他的影响大得了不得。他的 True Believer 印成普及本，已十七次重版发行了。他最近的一篇短文，谈亚洲知识分子的震醒，在华盛顿、费城、纽约等地许多报纸上同时发表。他享有发言权，但不必栖身在学术界中。

2. 该文更大的缺点是"言之无物"、"呻吟作态"。如果只是理路不清，前后瞎凑，但仍有内容、有真货，便有用。因为，可以留给别人去梳理。可惜，作者像个穿了初中童军装的小演讲家，只为上台比赛讲话，并不是有话可讲才上台讲话。作者留美学到了不少架势，Scholarly balance，都用上了，但是下文究何所指：

（1）"知识分子自然不应把自己锁在象牙塔里……但是知识分子如果完全背弃了学术界，不但不能……"

（2）"固然知识分子不同于专家学者，但是知识分子能够学无专长吗？"

这些拟得很好，永远不会错的"架势"，即使删去了与全文的论旨有什么关系？

"言之无物"的缘由，是作者仰头望天，不脚踏实地，不看地下。他所指责的知识分子，大都是空中的幻影，只有论到中国人不懂中国东西一段，似乎落实了。所以我很兴奋，仔细看了之后，却又失望得了不得！他指责的青年人也似乎与我们所认识的台湾学生不同得了不得。我们夫妇没有到过台湾，可是我们爱读台湾、香港出版的中文书、中文杂志，我们也常邀请台湾的留学生来家玩。我们从没碰到过一位如此君所谓的，未出国以前觉得"出国后就会万世太平"而"以出国为终极目标"的。我们也没有碰到过出国以后，自以为是"无根飘萍"，以"回国为最后归宿"的。我们碰到

龙鹰之旅：从哈佛回归东海的认同和感悟（1966—1970）

的大多是出国前很想出国，羡慕人家出国，却又深知出国后，不是"太平"，所以担心的是 scholarship，也有未出国就来信问问纽约能不能做工赚钱。都是极现实、极太平的梦想，我们也碰到不少台湾来的留学生，来美后立住脚跟做人，努力用功后悔从前太懒，劳动太少，生活不紧张，现在刻苦努力，找到了新生涯。他们并无飘零之感，他们一点没有归去的倦意，当然留学生中不幸的也多，可是，连三四十岁的老处女也没有回家的打算，而大致上，这一代年青的留学生比我们那一辈幸运多了，际遇好多了，也许作者属于这幸运的一代没尝过我们的辛酸，所以缺乏人生的真实感才满纸空话。

我们在海外的中年一辈，对人生、对文化的感觉太"真实"了，太切实了。所以决不能接受作者所谓"海外的知识分子缺少文化的真实感"。台湾出来的青年中，有一位白先勇，写小说，描绘这种不同文化之下的真实感，他接触到了人生。作者指责中国知识分子，"学历史的没读过《罗马覆亡史》是遗憾，但没摸过《史记》却很平常"，"学文学的不懂莎士比亚的是耻辱，但没有摸过杜工都是可原谅的"。他用这些话来讽刺三十年前的洋场少年，或者可以，但对今日的青年绝非事实。让我再拿台湾学生作例，因为他们是你们贵刊编者的同乡、同学。我一向佩服台湾来的学生国文程度较好，超出港马来的青年，连台大工学院的毕业生也知道《史记》，原来不但他们大一的国文必读《史记》，而且高中课本中也选读,甚至小学初中的读物中也有白话译文介绍。至于《罗马衰亡史》则恐怕史学系的毕业生大都未读过一遍。该作者如真读过一遍,决不会误写书名为"覆巢之下无完卵"的"覆"亡史,Decline and Fall 应译"衰亡"。同样的,中国知识分子,无论老少,吟得上一二句杜甫诗的人多呢! 还是背得出半段 Hamlet 台词的多? 作者呀,心平气和地回答!

台湾学生写英文,坦白说,十之八九要从头用红笔,句句改过。我们夫妻帮留美学生改过习作。但是,贵刊上的许多作家,中文通畅,均能自立。海外的华人应为中国文化在台湾生根而祝贺。该文作者何必羞辱自己的同学。

最后,该文的结束语是"如果我们不站起来……我们何不退出知识分子的立场,去扮演宣传家、煽动家或者去做骚人墨客?"作者把知识分子看成一类人,仿佛真是退在"宣传家"、"煽动家"、"骚人墨客"之外的一群清客。这又是闭眼说梦话了。孟夫子不是宣传家么? 画竹根不着地的抗清志士不是画士墨客么? 孙中山、巴古宁、浦鲁东、努伯士丕尔都是煽动革命志士。各国知识分子对他们有喜欢,也有批评,但都认他们是知识分子。

寄语留美的同学们,不要自高自大,借用原作者的警句:"作一番潜沉内敛的真功夫",好好读书去吧。寄语台湾的编辑们,要对留学生的文稿同样严格挑选。想来贵刊是有雅量发表此文的。

Intellectual Integrity 与卖"野人头"

陈张素珍

杜维明先生《在学术上建立自我》一文,我已经投函在第四期逐点批斥。但是该期竟仍刊出杜氏的《争取国际学坛的发言权》。态度更狂傲,更藐视中国学人。为了遏止"卖野人头"风气,不得不写这封信,而且只好提杜氏姓名了。

杜氏从"去年八月在美国召开的'东方学会'……"说起,大概指第二十七届 International Congress of Orientalists。我不是国际学坛的红人,所以虽在美国,并未被邀。根据各报刊消息与朋友追叙,却也略知一二。会期内的政治讨论的确是有的,是学术界不幸的事,杜氏掩饰不了的。所以,极不满意杜氏下边的话:"反越战宣言……只是少数学人的社交活动而已,既没有真正的纪录,又没有长期的影响……"我必须指出,其"长期的"意义与影响是重大的。美国学术界一波又一波的反越战努力——东方学会是一

Intellectual Integrity 与卖"野人头"

波——终于推动了舆论,指导了民意,使美国总统不得不谋停战,寻和谈。今后将发展更多影响。杜氏应从远处大处着眼,台湾若干文人诟责东方学会,抹杀了她学术上的意义,夸张了政治的色彩,固然不对;杜氏来掩饰政治活动,也失其平。要求详求实,不偏不倚,才尽了向国内报导的职任。

如果只为了这点点报道的歪曲掩饰,不必写信指正(对于台湾别的歪曲报导,国外也都一笑置之)可是,杜文愈读愈不成话,他居然以国际专家姿势唬起人来了,且看下文:

> ……最近几年我们已不可能取代京都而成为世界汉学研究的枢纽,不可能超过香港而成为中国思想研究的重镇,也不可能超过美国而成为中国现代史及语言学研究的中心,我们甚至不一定能比荷兰莱顿大学造出更多的中国法律学专家,或者比日本九州大学培育出更多的宋明理学专家。但无论如何我们应该开始了,我们应该开始根据国内现有的典章文物……

好大的"口气"呀!好渊博的"学问"呀!中国学者都不在他眼中。而从京都到荷兰,他都清楚。可惜,全是"野人头"!

(甲)先说京都的"汉学",凡我中华儿女都应将此字埋葬,因为并不光彩。"汉学"是日文的字眼。在封建锁国的德川幕府时代，日本不准外人来到，只准长崎地方的一个突出的半岛（音 dejima）——供外人来访。西洋人中当时以荷兰人最多，于是日本把一切洋人都当作"荷兰人"，西洋的科学知识（地理、天算、医学、造炮）都叫"兰学"（音 Rangaku）。（听说，香港的广东本地人对一切北方来的商人都叫"上海人"一样。）同时，对于中国的学问叫"汉学"（音 Kangaku）。"汉学"此字流传到 20 世纪，又与许多侵略中国的情报工作相连，我们中年这一代，尤其在日本求学过的人，看到这个字眼都会作吐。抛去感情不谈，就历史事实说，只有"日本的汉学"，决无"世界汉学"。中国人尤其不必讲"汉学"！正如西洋人不必自称"洋人"。日本人也不接受"东洋鬼子"的辱称。

再退一步，即使连历史也忘掉，而姑且赋予"汉学"以新义，拿它等于 Sinology。在 20 世纪 60 年代而责备国人不弄 Sinology，是一种强求国人开倒车的办法。弄通蒙、藏、鲜卑、突厥等等十多种北蛮语文，变成版本书目专家的 Sinologist 时代早就过去了。学问的分工早已细密，学问的 Approach 也已不同。今天有所谓"地区研究"、"东亚研究"、"中国研究"是指研究的对象而言，至于研究的 discipline，只有人类学、社会学、经济学、语言学等等之分，没有中西之别。今天固然没有中国的物理学，法国的太空学，也不再有什么 Sinology 了。

所以，让杜先生去歌颂京都为"世界汉学的枢纽"吧，我们不必去东施效颦！况且，谁都知道董作宾、陈寅恪既非日本人，又在学问渊源上同京都无关连。今日没落中的京都尤其唬不了人！

（乙）至于法律研究，我的父兄在华北作律师，教法科，努力法律名词的拟译，所以颇知此中甘苦，杜氏唬不了我。莱顿大学（荷兰）造出的懂中国法律的人比中国自造的多么？且等杜氏举出统计数字来吧。但我知道，全荷兰懂中文的人有限，总加起来，包括不研究法律的，不会及到台湾香港的法律界人才之总数。至于专研中国法律的而有贡献的人，徐道隣治唐律，不是莱顿出身。Escarra 做过民国法律改革的最高顾问，我见过面，他的法文导论，至今是民会法律最好入门书，哈佛法学院有过英文试译稿，未闻出版。他是法国人，自华返欧后一直住在巴黎。曾否访游莱顿，则待查考。瞿同祖研究"中国法律与社会"英文修订本确在荷印行，但他是美国哥伦比亚大学出身，现在是加拿大的英属哥伦比亚大学终身教授。而他的书，中文原本，是燕京大学写成的硕士论文，抗战结束后在上海出版。是道地国产。以上就个人来说，至于集体研究，最大的中国法律辞书纂修工作不在莱顿，而在华盛顿大学进行已多年，主纂人是美籍 Bilancia 博士，最轰动的当代中国法律研究也不在莱顿，而是哈佛法学院的"中国法制课程"，由美籍 Cohen 教授负责，两者均非荷籍。他们训练不少台湾来的学生，似未闻有

龙鹰之旅:从哈佛回归东海的认同和感悟(1966—1970)

荷兰青年参加,例子可以再举下去,总之,今日的莱顿没有杜氏说的那么了不得。

(丙)最使我笑不可抑的是杜氏把香港捧成研究中国思想的学术研究中心。我没有去过香港,不怕得罪谁,应说几句实话!要成为世界一流学术研究的中心,得有三个条件:(A)丰富的图书收藏,研究资料;(B)森严崇高的学术威望之传统;(C)有利的研究环境(讨论的自由,生活上不虞匮乏的自由与学问上的刺激兴发)。拿这三根尺来量量香港:(A)香港没有主要的档案馆(archives),连香港政府的档案都毁于二次大战,至于图书收藏,据伦敦大学的报告:香港是"图书沙漠",沙漠中的绿洲是冯平山图书馆,但它既比不上清华、北大、中大之图书收藏,也比不上中国台湾、日本、北美与英伦的主要图书馆;(B)香港有研究哲学与思想的长久传统么?中国古代的大思想家有谁到过香港?有哪一所名山书院立在香港?近代哪一个思想运动导自香港?哪一位近代的学术大师是香港的学校造就的?(C)据钱穆先生说,香港的思想自由不如外界想象的宽。两所大学的薪水高,可无生活之愁,但是,在香港社会中太不平衡了,这批高薪教员成了谣言诟谇的中心,他们大部分的精神力气要用在保卫这份高薪上边,而不是思想的研修上面,那边的学校如果真好,为什么香港青年远道跑到美洲、英国与中国台湾去读大学?

Intellectual Integrity 与卖"野人头"

如果对于日本的学术传统,对于荷兰的法律研究,说外行话,或者是少年人爱 Show-off,而充错了排场,情有可原,因只是无知,不是曲意古怪。大捧香港,便有 academic politiking 的古怪味道了。Academic politiking 勉强翻译,是学院里人事播弄,搞派系,拉交情,是不是两所港大的高薪作怪?我打听了一下,杜氏并非香港仔,前在东海大学执教,是中文系徐复观的高足。

至于对于中国文史、社会、经济的研究,国人也不必等杜氏今天来呼叫。应该开始的早就"开始"了。俞樾、章炳麟、黄侃、王国维……都各有贡献。也许杜氏指的是西洋近代的社会科学研究,其实也早开始了。金陵大学的农村调查,造就了乔启明等等一批社会学家;蒋廷黻、罗家伦等的清华近代史研究启导了郭廷以这一批,至今在台湾有个现代史究研所在发展;至于燕京大学的,Index 工作南开大学的经济研究工作,都是现代的,破土式的努力,前者应请洪璞,后者应请何廉来追述,两个老人都退休在美。至于安阳考古发掘在世界学术史上的地位,杜氏不会不知道。既知道了,为什么还喊叫什么"从头开始"?想欺"蒙"比你更年青的台湾读者么?许多条件使中国学者吃亏,战乱与战后的艰苦尤有影响,但并非"从未开始"或无人在默默地工作。杜氏对中国学人的侮弄,没有比用印尼来比喻更可痛的了!印尼既无中国的文化,又无中国的学术传统,尤其中国没有作过荷兰殖民统治的臣民。两国的学术是不能并论的。

　　做人处世,求诚实很难!做学问,写文章,不诚实却也很难,有读者会拆破。敬以 intellectual integrity 奉劝作者。

知识分子的流失和人才外流

域外人

一

知识分子的流失和人才外流,是两个不同的问题。一个国家的人才外流,并不一定代表知识分子的流失。反过来说,知识分子的大量流失,也不一定就是人才外流(注)。晚近人才外流的问题,很引起许多"低度"开发国家乃至部分"高度"开发国家的重视,纷纷谋求解救的办法。台湾上下得风气之后,也如梦初醒,"防止人才外流"之说高唱入云,"教育部"更准备颁布具体法规,修改留学章程。这一切的一切,表示大家的确体会到人才外流是个问题,必须设法防范的了。这,当然是个好现象。

可是台湾目前的问题,究竟是人才的外流呢,还是知识分子的流失呢？这是必须先搞清楚的。不同的问题需要不同的解决办法。新的留学章程，也许防止得了人才的外流，却不一定能防止知识分子的流失，甚至可能两样都防止不了。所以我们必须先了解问题，然后方可谈到解决的方案。

二

在现代社会，知识分子就是"以传授，创造和散播知识为业的人"。如果我们这样界定知识分子，那么各级学校的教育工作者，专门从事研究工作的各种研究人员和文艺工作者，便是知识份子的骨干。

知识分子大约都是受过教育者，但受过教育者并不一定是知识分子。学生是受教育者，很可能是知识分子。但他受完一定程度的教育后，也可能成为农人或商人，或者成为专业技术人员。他的确是受过教育的，但严格说来，他不再是知识分子。作为一个知识分子，他必须不断地和知识的传授、创造和散播发生关系。

这样说来，知识分子并不等于受过教育者，也不就等于技术人员。知识分子的专业既是传授、创造散播知识，那么一个知识分子的首要责任便是追求真知识，创造真知识，传授真知识和散播真知识。如果他做不到这些，他便没有负起知识分子应尽的责任。如果他有意制造假知识，传授假知识，他便是一个不负责任，挂羊头卖狗肉的知识分子。

知识分子的流失，就是指知识分子有意地放弃了自己的责任；或者屈服于种种外来的压力，安然传播和制造假知识，或者失去了继续奋斗的勇气，甘心离国他适，为人做嫁。知识分子的大量流失，便意味着大量的知识分子在逃避责任。

三

现在让我们再来看看人才外流问题。所谓"人才外流"的"人才"其实多半是指技术人员。一个低度开发国家所最痛心疾首的，不是知识分子的外流，而是技术人员的外流，技术人员的外流，严重阻挠了新兴企业的发展，直接影响到经济成长率，的确是正在谋求经济发展的国家所必须防止的。

防止人才外流的办法，不外乎积极的和消极的两种。积极的办法，便是增加技术人员就业机会，提供适当训练，改善工作环境及待遇等。消极的办法，便是利用法律规章来约束技术人员的离国。

如果这些办法能双管齐下地施行，无疑地人才外流的现象可获改善。进一步说，消极的约束又不如积极的改进有效。但是受到人才外流现象困扰的许多国家，却往往只能从消极的约束着手，

龙鹰之旅：从哈佛回归东海的认同和感悟（1966—1970）

这又是为什么？

可以想见，积极的改进必面临许多现实的难题。例如技术人员的待遇，无论如何提高也难以和外流人才集中地的美国相比拟。低度开发国家的工作环境，无论如何也比不上美国的工作环境。

但更重要的一点是，有大量人才外流的低度开发国家，往往也有大量流失的知识分子。知识分子的流失，多半基于非经济上的原因。而知识分子的流失，却影响到技术人员的外流——许多技术人员也同时是知识分子，或至少是半个知识分子。知识分子的灰心失望及流失，"传染"给技术人员，促成人才的外流。除非知识分子的流失问题能获得改善，人才外流问题很难获得根本的解决。

四

台湾目前的问题究竟是人才外流抑或是知识分子的流失？我们不难看出是两者都有，而且是后者促成了前者。台湾的知识分子，不能不说是大量的在流失中。老一辈的知识分子，早已自动地或被动地沉默了下去。这一代的知识分子，既然是在这种环境中长大，讲真话的勇气也更小。这并不是说他们不想追求真知识，只是他们明白奋斗的枉然，唯一对得住良心的办法，只有沉默。老一辈的人爱说这一代的年轻人现实。的确，这一代的年轻人是现实的,因为他们晓得能被容许说真话的时候实在太少了。老一辈的人爱说这一代的年轻人不够热情。的确,这一代的年轻人冷血的,因为热血只配浇灌在真理的花朵上。台湾年轻一代知识分子的流失及人才的外流,不能不说是基于同样的原因。

"教育部"拟议中的留学政策,究竟能堵得住人才的外流吗?我们不能不感到怀疑。大专毕业后服务两年的办法,至多只是个缓兵计;如果驱使青年出国的内在外在原因不消除,两年后他们还是走了。对于真正的"人才",这两年更可能是一种无可弥补的浪费。消极的约束不但检留不住人才而且可能浪费掉人才!

这一代的年轻人现实,冷血,但他们的眼睛还是雪亮的,一位朋友常说:"大好头颅总要卖给个识货的。"很可代表许多人的心声。不错,我们需要中心思想,不过中心思想不宜太硬性规定,文化发展的方向也不是任何人所能轻易掌握。青年人假如没让他有追求真知识的机会,也就难怪这一代的青年现实冷血了。

人才外流,并不是绝症。然而要治这病,必须先医知识分子流失的大毛病。这个病医不医得好,恐怕就非教育当局所能左右的了。

(寄自伯克利一九六九年三月四日)

（注：知识分子的流失和人才外流不是一回事，可以从下面几个例子看出：纳粹德国有大量流失的知识分子，外流的技术人才却绝少。英国的技术人才大量外流，但知识分子仍为"社会的良心"，并未流失。但在经济政治均不完全上轨道的国家，知识分子的流失和人才外流却往往同时出现。）

殊胜因缘

——记殷海光师和杜维明教授之间的一段缘分

陈平景

一

1967年春天,杜维明由美国返台北,正在写博士论文。一天,殷师约我到师大"乐群堂"听维明的演讲,题目是"美国的学术市场"。记得那天讲堂爆满,我陪先生坐在第一排,先生显得很兴奋。他是在失去授课的权利并在家门前二十四小时站着两只"狼狗"的情况之下,难得展现他欣喜的心情来听演讲的。讲完了,维明走下讲坛,亲切地和我招呼,并向殷师握手致意。这时我才知道,他们已经见过,而殷师才知道他与我是童年的所谓"总角之交"。之后,殷师听过他两次演讲,也做过深谈。

龙鹰之旅:从哈佛回归东海的认同和感悟(1966—1970)

二

在陈鼓应兄编著的《春蚕吐丝》一书中,他替我查到维明和殷先生的一些历史性的交往记录。我有如获至宝,敬谨抄录下来,殷师写道:

> 维明和我只接触了一个很短的时间,便对我有相当深的了解。这才算得是弄 Humanity(人文)的人。这给予我寂寞而孤独心灵的温暖和鼓舞,真是无法计量。(该书109—110页,《致张灏信,1967.3.8》)

> 杜维明这次来台,我们坐在院内石头凳上,喝咖啡。我告诉他,西南联大校园内的风光,就是一个小型的五四。它给当时中国大西南的影响,也是一个小五四。我们的学校,可说集了五四的精英,从保守到维新,从全盘西化到本位文化,从欧思想到孔孟思想,从甲骨文到英吉利文,从唐诗到十四行,从楚辞到莎士比亚,从老庄到休谟,形形色色,好一个文化的"共同市场",真乐坏了我们那些青年的顾客!我们确实受到心灵的鼓舞。当时西南联大校园内的朝气蓬勃、的歌声洋溢、

的思想开放、的充满信心,这些,都一幕一幕地展现在我眼前。这些,和今日一部分青年被激刺成冲阵的火牛,另一部分被压成腌菜,成为多么强烈的对照!一想到这儿,我不禁热泪盈眶。

我忽然认识了杜维明君。我们谈了几次,我并听了他的两次讲演,够意思。他说话不慌不忙,态度极佳,学识稳实,情感内蕴而不激放。我看他将来可成大器。他最难得的是含蓄着一股道德力,予我一种信赖感。维明说他和你及敏生颇有交情。这真是令人高兴的事。

关于美国学术市场的情形,维明似有某种程度的明了,他对我的处境也相当明了和关切。同时他为人思想缜密。你北上时就可我事和他一商。

三

维明离台转赴香港时,殷先生写信给在香港的友人,也是西南联大同学许冠三先生说:"此乃国士也,应以国士之礼待之。"殷师对人评价向来严谨,一生没有再以"国士"来称赞过别人。

四

鼓应兄曾经一再相告，1979年赴美留在Berkeley加州大学做研究，是承蒙维明的推荐，不然若回台，会被捕坐牢。当年"白色恐怖"遍布海内外，维明在他患难中对他对伸出温暖的援手。

五

1968年秋，我辞别故乡台湾在Princeton校园与维明重逢，当时他虽已任教普大，但收入仍属有限，他却不顾一切，倾囊相助，令我一生感念，不敢遗忘。他的人格特质，在我们师生心目中，一致的，不约而同地崇高存在。

二〇一二冬，写于厦门大学国学院

三十年的畜艾
——《杜维明文集》出版感言

景海峰

杜维明教授的第一本著作名《三年的畜艾》,是台北志文书局1970年出版的,当时他还是一个初出茅庐(哈佛博士毕业不久)的年轻助教,以"畜艾"之情志抒发旅美求学时的感触。三十年过去了,杜先生早已是名满天下的大学者,并且成为了当代新儒学运动的领军人物。他的著作分为中、英文两类,分别在海峡两岸和美国出版流布。这些年来,国内已出版了多种杜著,影响甚广。最近由郭齐勇和郑文龙编选、武汉出版社出版的《杜维明文集》(5卷本,290万字)是迄今为止最为完整的第一部杜氏论著的总结集。

《杜维明文集》的第一卷收录了《三年的畜艾》(1970)、《人文心灵的震荡》(1976)和《儒家自我意识的反思》(1990)等三部论著,以及《儒学第三期发展的前景问题——大陆讲学、答疑和讨论》(1989)一书。第二卷收入了《新加坡的挑战——新儒家伦理

龙鹰之旅:从哈佛回归东海的认同和感悟(1966—1970)

与企业精神》(1989)和《现代精神与儒家传统》(1997)两部讲演稿。第三卷收入了《宋明儒学思想之旅——青年王阳明(1472—1509)》(1976)、《儒家思想——以创造转化为自我认同》(1985)、《论儒学的宗教性——对〈中庸〉的现代诠释》(1989)、《道·学·政——论儒家知识分子》(1993)等四种英文著作的中译本。第四卷收入了《仁与修身——儒家思想论文集》(1979)的中译本。其余的单篇论文,编者将之归纳为"文化认同与创新"、"宗教向度"、"中国哲学的特性"、"启蒙反思"、"论体知"、"文化中国"、"文明对话与全球伦理"、"回应与沟通"等八个部分,分别收在了四、五两卷内。

自1981年以来,杜维明一直在哈佛大学任教,1996年出任哈佛燕京学社社长,1999年荣膺哈佛燕京中国历史及哲学与儒家研究讲座教授。多年来,他致力于儒家思想的现代阐释工作和文明间对话沟通的事业,影响了大批的同行与学生、读者与听众,集学术研究、人才培养、人文关怀、社会参与于一身,是当今世界最具有活力的儒家型的公众知识分子之一。他的"儒学第三期发展"的论说和"新轴心文明"的构想,是在文明对话、启蒙反思、文化中国、全球伦理等一系列重大论域中逐渐展开的,通过讲学、著述、对话、论辩,提出了许多富有启发性的新思想和新观点,拓展了以儒家思想现代化为主轴的一系列论题,为当代中国思想的发展做出了重要的贡献。《杜维明文集》囊括了杜氏三十余年来的主要著述,为人们全面地了解和研究杜本人及当代新儒学思潮提供了第一手完备、翔实的材料,必将极大地满足学术界的需要和推动当代思想文化的建设。孟子云:"今之欲王者,犹七年之病求三年之艾也。苟为不畜,终身不得。"青年时代的杜维明即借用了孟子语,以明献身学术文化事业和弘传东方人文精神之志,三十年来,他以仁心和慧解、听德与辨才,创辟了当代儒学研究的新局面,为儒家思想的现代转化作了艰苦的探索与努力。殷海光在《中国文化的展望》一书中讲到近代中国时曾说过,"七年之病,需求三年之艾;百年大病,最少需求三十年之艾"。熊十力形容当时的中国文化是"久病之夫",他开出了"好自护持,毋令断绝",固本培元的药方。经过数十年来的调养与恢复,中国文化渐渐地又有了一些生气与活力,它的力量现在又开始显现出来了。这无疑是许许多多的有识之士畜艾不断的结果,而《杜维明文集》对于中国文化的发展来说,恰恰是这些个驱病疗疾的香艾之一。

(原载《中华读书报》2002年9月25日)